Ronald Dunn

Immer nur auf und ab?

Wie man den Krampf in seinem
Christenleben beenden kann

Aus dem amerikanischen Englisch
von Dr. Friedemann Lux

Bibliografische Information der Deutschen Bibliothek
Die Deutsche Bibliothek verzeichnet diese Publikation in der
Deutschen Nationalbibliografie; detaillierte bibliografische Daten
sind im Internet über http://dnb.ddb.de abrufbar.

ISBN 3-501-01473-2
TELOS-Paperback 72440
Johannis Glaubensschritte
Umschlaggestaltung: Sabine Maria Reister, Karlsbad
Gesamtherstellung: St.-Johannis-Druckerei, Lahr/Schwarzwald
Printed in Germany 15361/2003

www.johannis-verlag.de

Inhalt

Einleitung:
So kann das nicht weitergehen!

Jemand hat einmal das durchschnittliche Christenleben mit einer alten Matratze verglichen: Vorne und hinten ist es fest, aber in der Mitte hängt es voll durch. Als ich diesen Spruch hörte, faszinierte er mich – weniger wegen seiner Originalität als vielmehr, weil er mein eigenes Christenleben so perfekt beschrieb. Ich wusste, dass ich bekehrt und erlöst war – dieses Ende war stabil. Ich wusste auch, dass ich nach meinem Tod in den Himmel kommen würde – auch dieses Ende war fest. Aber dazwischen, Mann, war das ein Durchhänger! Ich war auf dem Weg in den Himmel, aber dieser Weg, er war alles andere als himmlisch.

Ich war der »erfolgreiche« Pastor einer großen, blühenden und wachsenden Gemeinde in einem ebenfalls blühenden Stadtteil. Wir hätten die Türen verrammeln müssen, um mit dem Wachsen aufzuhören. Aber mein Erfolg war so ähnlich wie der eines Vertreters für eine Schlankheitsdiät, dessen Kunden schlanker werden, während er selber zügig auf die zwei Zentner zugeht. Meine Predigten halfen allen möglichen Leuten, nur dem Prediger selber nicht.

Ich war in guter Gesellschaft dabei. Viele der Amtsbrüder, die ich kannte, saßen im gleichen Boot. Aber das tröstete mich nur wenig, und oft rief ich zu Gott: »Herr, es muss doch noch etwas anderes geben als dieses Elend! Ich weiß nicht, was es ist, aber ich brauche etwas! So kann das doch nicht weitergehen!«

Wie immer, wenn wir nicht mehr ein noch aus wissen und zu ihm rufen, hat Gott dieses Gebet erhört, und in diesem Buch habe ich das, was er mir auf meinen Hilferuf hin zeigte, festgehalten. Den Leuten meines amerikanischen Ori-

ginalverlags, Master's Press, bin ich für ihr geduldiges Mit-
helfen zu Dank verpflichtet, ebenso meiner Schwägerin, Ju-
lie Blevins, für einen wertvollen Vorschlag sowie meiner
Frau Kaye, die mir immer wieder Mut macht und die viele
Stunden damit verbrachte, mein Manuskript zu korrigieren
und zu tippen.

Gott möchte, dass jeder Christ in seinem Leben Sieg erlebt.
Die Bibel weiß sehr wohl darum, dass es auch Niederlagen
gibt, aber sie erklärt sie nicht zur Norm. Das die Bibel do-
minierende Thema ist der *Sieg,* und wer in seinem Christenleben kein Sieger ist, der lebt nicht das Leben, das Gott für
ihn will.

Eines der deutlichsten Bilder des sieghaften Christenlebens finden wir in der Geschichte des alten Israel. Paulus erklärt uns in Römer 15,4: »Und alles, was einst geschrieben
worden ist, ist zu unserer Belehrung geschrieben, damit wir
durch Geduld und durch den Trost der Schrift Hoffnung haben« (Einheitsübersetzung). Und in 1. Korinther 10,11
schreibt er Folgendes über die Wüstenwanderung der Israeliten: »Das aber geschah an ihnen, damit es uns als Beispiel
dient; uns zur Warnung wurde es aufgeschrieben, uns, die
das Ende der Zeiten erreicht hat« (Einheitsübersetzung).

Gottes großes Musterbeispiel und Anschauungsunter-
richt zum Thema »Der Christ als Sieger« ist das Buch Josua.
Es berichtet uns, wie Josua, der Nachfolger des Mose, das
Volk Israel aus der Wüste der Niederlage in das Kanaan des
Sieges führte. Und das Beste ist, dass wir heutigen Christen
auf genau die gleiche Weise wie die alten Israeliten von der
Niederlage zum Sieg kommen können. Das Buch Josua zeigt
uns Gottes Programm für ein erfülltes und spannendes
Christenleben.

Kommen Sie also mit. Folgen wir Josua auf seiner Reise
in das Land, in dem Milch und Honig fließen. Überqueren

wir einen reißenden Fluss, schauen wir zu, wie mächtige Mauern auf unseren Siegesschrei hin einstürzen, bringen wir Riesen zu Boden – lauter Wegweiser in das Leben des Sieges, das jedem Christen offen steht. Es ist nicht nur die Reise Josuas, es ist auch Ihre und meine.

1. Zum Sieger geboren

Als ein Kollege von mir auf einer Bibelkonferenz über das Thema des Sieges im Christenleben sprach, bat ihn ein Lokalradiosender um ein Interview. Der Interviewer stellte ihn den Zuhörern vor und dann sagte er: »Herr Pastor, Sie nennen das, was Sie da predigen, das ›sieghafte Leben‹. Sehe ich das richtig so?«

»Nein«, sagte der Prediger, »so nenne ich das nicht.«

»Ach so. Dann nennen Sie es also das – warten Sie, das ›Leben aus der Tiefe‹?«

»Nein, das stimmt auch nicht.«

Der Interviewer wollte einen neuen Anlauf nehmen, überlegte es sich aber anders und fragte, eine Spur Frust in der Stimme: »Herr Pastor, wie nennen Sie es dann?«

Der Prediger erwiderte: »Ich nenne es das normale Christenleben.«

Mein Kollege hatte Recht. Ein sieghaftes Leben ist nicht eine Luxusausgabe des Christenlebens, die nur für ein paar auserwählte Spitzenleute reserviert ist, sondern es ist das normale Leben für jeden Christen. Es ist nicht eine Extraprämie für die Superfrommen, sondern ein Geschenk, das jeder erhält, der errettet ist! Viele, zu viele Christen mühen sich ab, einen Sieg zu erringen, der schon längst errungen ist – vor zweitausend Jahren am Kreuz. Das normale Christenleben ist ein Leben des Sieges, und alles andere ist eine billige, minderwertige Imitation. Jesus hat gesagt: »Ich bin gekommen, damit sie Leben haben und es in Überfluss haben« (Johannes 10,10 Elberfelder).

Um dies besser zu verstehen, müssen wir sehen, dass das Leben des Christen in zwei Stadien eingeteilt werden kann: das Schilfmeer-Stadium und das Jordan-Stadium und dazwischen eine Wüstenwanderung. Was das Kreuz für uns ist, war das Schilfmeer für die Israeliten. Es war das Symbol ihrer Erlösung, ihrer Befreiung aus der Knechtschaft in Ägypten durch die mächtige Hand Gottes. Sie schauten auf das Schilfmeer so zurück, wie wir heute auf das Kreuz zurückschauen, und das Passahmahl war für sie das, was für uns das Abendmahl ist.

Aber der Auszug aus Ägypten, er war erst ein Anfang. In 5. Mose 6,23 erinnert Mose die Israeliten: »Uns aber hat er dort [aus Ägypten] herausgeführt, um uns in das Land, das er unseren Vätern mit einem Schwur versprochen hatte, hineinzuführen und es uns zu geben« (Einheitsübersetzung). Das Ziel ihrer Erlösung würde erst erreicht sein, wenn sie im Land Kanaan sein würden. Und um in das Land hineinzukommen, mussten sie den Jordan überqueren. Dann und nur dann war Gottes Erlösungsplan für sie erfüllt.

Es mag Sie vielleicht überraschen, aber nirgends in der Bibel steht Kanaan für den Himmel. Mag sein, dass manche Kirchenlieder es mit dem Himmel gleichsetzen, aber nicht die Bibel. In Kanaan gab es gefährliche Riesen – im Himmel nicht. In Kanaan mussten Schlachten geschlagen werden – im Himmel nicht. In Kanaan beging Gottes Volk viele Sünden – im Himmel wird es nicht mehr die Spur einer Sünde geben.

Das Kanaan der Bibel ist ein Bild für die Fülle der Erlösung, die Fülle des Segens, das Antreten unseres Erbes. Kanaan war das, wozu Gott Israel erlöst hatte, und ein Leben des Sieges ist das, wozu er uns Christen erlöst hat. Er hat uns herausgeführt, um uns hineinzuführen. Das Problem ist nur, dass viele Christen zwar aus Ägypten heraus sind, aber Kanaan nicht erreicht haben. Wie die in 1. Korinther 10,5 erwähnten Israeliten sterben sie in der Wüste, ohne je die Fülle des Lebens in Christus erlebt zu haben.

Das Alte Testament beschreibt Kanaan als ein Land, in dem Milch und Honig fließt, ein Land, wo es Wein, Granatäpfel und Feigen im Überfluss gibt. Das Neue Testament beschreibt das Kanaan der Christen so:

- ein Friede, der höher ist als alle Vernunft (Philipper 4,7)
- unaussprechliche Freude (1. Petrus 1,8)
- Fülle des Segens in Christus (Epheser 1,3)
- völliger Sieg in Christus, der uns liebt (Römer 8,37)

Sind Sie schon in Kanaan? Die Anfangsverse des Buches Josua nennen uns drei wichtige Dinge über das Leben des Sieges:

> *Jede Stätte, auf die eure Fußsohlen treten werden, habe ich euch gegeben ... Sei getrost und unverzagt; denn du sollst diesem Volk das Land austeilen, das ich ihnen zum Erbe geben will, wie ich ihren Vätern geschworen habe. Sei nur getrost und ganz unverzagt, dass du hältst und tust in allen Dingen nach dem Gesetz, das dir Mose, mein Knecht, geboten hat ... dass du hältst und tust in allen Dingen nach dem, was darin geschrieben steht. Dann wird es dir auf deinen Wegen gelingen und du wirst es recht ausrichten. Siehe, ich habe dir geboten, dass du getrost und unverzagt seist. Lass dir nicht grauen und entsetze dich nicht; denn der HERR, dein Gott, ist mit dir in allem, was du tun wirst. (Josua 3,6–9)*

Siegen ist das Ziel des Christenlebens

Vor kurzem hörte ich, wie jemand das Siegen als einen »wichtigen Aspekt« des Christenlebens bezeichnete. Aber es ist nicht ein Aspekt des Christenlebens, es ist dieses Leben selber, und wenn ich in diesem Buch vom Leben des Christen spreche, meine ich immer das sieghafte Leben.

Wie wir bereits sahen, war die Befreiung aus der Knecht-schaft in Ägypten lediglich Gottes erster Schritt mit Israel, nicht das Endziel. Er führte die Israeliten aus Ägypten *heraus*, um sie in das Land der Verheißung *hineinzubringen*. Viele Generationen zuvor hatte er Abraham diese Ver-heißung gegeben, als dieser seinen Blick über das Land zwi-schen dem Mittelmeer und dem Jordan schweifen ließ: »He-be deine Augen auf und sieh von der Stätte aus, wo du wohnst, nach Norden, nach Süden, nach Osten und nach Westen. Denn all das Land, das du siehst, will ich dir und deinen Nachkommen geben für alle Zeit« (1. Mose 13,14–15). Die Befreiung aus Ägypten war nur der erste Schritt; die volle Erlösung sollten die Israeliten erst erfahren, wenn sie Kanaan besetzt haben würden.

So ist auch Gottes Endziel bei unserer Erlösung *nicht*, dass wir nicht in die Hölle, sondern in den Himmel kommen (das ist sozusagen nur eine Zugabe), *sondern* dass wir all das bekommen, was er uns in Christus verheißen hat. Dies ist kein Nebenthema in der Bibel, sondern ihr Hauptthema. Hören wir, was Paulus den Christen in Rom schreibt: »Denn die er ausersehen hat, die hat er auch vorherbestimmt, dass sie gleich sein sollten dem Bild seines Sohnes« (Römer 8,29). Den Christen in Ephesus beschreibt er das Ziel der Erlösung mit diesen Worten: »Denn in ihm [Christus] hat er uns er-wählt, ehe der Welt Grund gelegt war, dass wir heilig und untadelig vor ihm sein sollten« (Epheser 1,4). Kein Wort über Hölle und Himmel in diesem Bibelvers. Und zu den Christen in Kolossä spricht Paulus von dem »Geheimnis, das verborgen war seit ewigen Zeiten und Geschlechtern, nun aber ist es offenbart seinen Heiligen ..., nämlich Chris-tus in euch, die Hoffnung der Herrlichkeit« (Kolosser 1,26–27).

Was Gott auch tut in unserem Leben, er will uns damit zu seinem großen Ziel hinführen: dass unser Leben ganz von

Christus erfüllt werde. Eine andere »Hoffnung der Herrlichkeit« gibt es nicht.

In seinem zweiten Brief an die Gemeinde in Korinth erwähnt Paulus ein weiteres Detail über das sieghafte Christenleben: »Gott aber sei gedankt, der uns allezeit Sieg gibt in Christus« (2. Korinther 2,14). *Allezeit* – es ist möglich, dass wir in unserem Christenleben ständig Sieg erleben. Wenn der Herr Jesus Ihnen eine Minute lang Sieg geben kann, dann auch eine Stunde lang; wenn eine Stunde lang, dann auch den ganzen Tag; wenn den ganzen Tag, dann jeden Tag Ihres Lebens, und alles, was weniger ist, heißt, dass wir nicht das volle Potenzial erreichen, das Gott für uns bereit hält.

Aber hier ist es Zeit, ein Missverständnis zu klären. Bedeutet ein Leben im Sieg, dass wir nicht mehr sündigen? Eindeutig nein; sondern es bedeutet, dass wir es lernen, an jedem Punkt unseres Lebens ganz abhängig von Christus zu sein. Wir leben aus *seiner* Kraft, nicht aus unserer eigenen; wir tun *seinen* Willen, nicht unseren; wir leben zu *seiner* Ehre, nicht zu unserer eigenen. Und wenn wir in Sünde fallen, dann bleiben wir nicht im Loch der Resignation liegen, sondern glauben, dass sein Blut die Sünde abwäscht und uns wieder Gemeinschaft mit ihm gibt. Wir entwickeln ein immer feineres Sündenbewusstsein, und wenn der Heilige Geist uns zeigt, dass wir gesündigt haben, gehen wir diese Sünde sofort an.

Die beste Definition des sieghaften Lebens besteht darin, es zu beschreiben. Fangen wir also an. Was bedeutet ein sieghaftes Christenleben?

1. Wir machen uns Gottes Verheißungen zu eigen

Die Verheißungen der Bibel werden aus bloßen theologischen Wahrheiten zu Lebensrealitäten. Gottes Verheißungen an

Josua waren klar. Er sagte den Israeliten, dass das Land Kanaan ihnen gehöre; sie brauchten bloß zu handeln – mutig, entschlossen und gehorsam. Die Verheißungen längst vergangener Generationen erfüllten sich vor ihren Augen. Ich fürchte, viele Christen betrachten Gottes Verheißungen ähnlich, wie ich als Junge Spielzeugkataloge durchblätterte. Da entdeckte ich als Zehnjähriger etwas, was ich unbedingt haben musste – aber es kostete 25 Dollar, was damals ein kleines Vermögen war und weit über meine Verhältnisse ging. Was tat ich? Ich nahm immer wieder den Katalog in die Hand, blätterte die Seite auf, die »mein« Spielzeug zeigte, und begann zu träumen. Der Katalog hieß »Das große Buch der Wünsche« und ich wünschte wie ein Irrer – und wusste die ganze Zeit, dass der Wunsch sich nicht erfüllen würde. Genauso sehen viele Christen die Bibel: als großes Buch der Wünsche. Sie begeistern sich an den schönen Verheißungen und bekommen Tränen in die Augen, wenn der Pastor über sie predigt, aber dass sie sich in ihrem Leben erfüllen könnten, fällt ihnen im Traum nicht ein. Nun, die Bibel ist kein Wunschbuch, sondern ein Glaubensbuch, und für den, der im Glauben das Land des Sieges betritt, werden alle Verheißungen Gottes wahr.

2. Wir erleben Gottes Gegenwart

Gott verhieß Josua und Israel wiederholt, dass er bei ihnen sein würde. Sie würden seine Gegenwart erleben, Gott würde ihnen ganz nahe sein. Als ich Theologie studierte, las ich einmal eine Predigt von R. W. Dale, einem berühmten Prediger aus Birmingham (England), in der es hieß: »Christus ist für mich gerade so real wie die Kanzel, auf der ich stehe.« Ich dachte damals: *Mensch, wenn ich das auch sagen könnte!* Ich wusste, dass Christus für mich nicht so real war, aber ich sehnte mich so danach. Aber als er dann meinen verzweifelten Hilferuf erhörte, war mit das Erste, was ich erlebte, die überwältigende Erfahrung seiner Gegenwart. Jesus wurde wirklicher für mich als alle Kanzeln der Welt!

3. Wir nehmen Gottes Kraft in Anspruch

Gott versprach Josua: »Es soll dir niemand widerstehen dein Leben lang« (Josua 1,5). Mit anderen Worten: Kein Mensch würde Israel daran hindern können, das Ziel zu erreichen, zu dem Gott es führen wollte. Josua würde die Kraft haben, alles zu tun, was Gott von ihm verlangen würde. Als zur Zeit der Wüstenwanderung die hebräischen Kundschafter durch Kanaan zogen, kamen sie mit Schreckensberichten über in dem Land wohnende Riesen zurück. Bis auf Kaleb, der den Israeliten sagte: »Wir können das Land einnehmen.« Was genau das war, was geschah, als eine Generation später Israel an Gottes Hand endlich in das Land hineinzog. Gott gibt auch heute Sieg über die »Riesen« in uns und um uns herum.

Die Kraft der Auferstehung. In Epheser 1,18–20 schreibt Paulus: »Und er gebe euch erleuchtete Augen des Herzens, damit ihr erkennt, ... wie überschwänglich groß seine Kraft an uns [ist], die wir glauben, weil die Macht seiner Stärke bei uns wirksam wurde, mit der er in Christus gewirkt hat. Durch sie hat er ihn von den Toten auferweckt ...« Stellen wir uns das nur vor: Die Kraft, die Jesus von den Toten auferweckte, steht auch jedem Christen zur Verfügung. Sie haben gerade ein Problem in Ihrem Leben? Was ist einfacher: dieses Problem lösen oder einen Toten auferwecken? Die Antwort ist klar. Wenn Gott aus dem Grab auferwecken kann, dann kann er alles. Und Gottes Auferweckungskraft wohnt in Ihnen!

Kraft zum Herrschen. »... um wie viel mehr werden die, welche die Fülle der Gnade und der Gabe der Gerechtigkeit empfangen, herrschen im Leben durch den Einen, Jesus Christus« (Römer 5,17). Gott hat Sklaven zu Königen, Bettler zu Prinzen gemacht. Und man beachte: Es heißt »im Leben« und nicht »im Himmel«. Paulus spricht hier nicht von einem schönen Sankt-Nimmerleins-Tag, sondern von dem Alltag hier und jetzt!

Christi Kraft in mir. »Dafür kämpfe ich unter vielen Mühen; denn seine Kraft wirkt mit großer Macht in mir« (Kolosser 1,29 Einheitsübersetzung). Ein sieghaftes Christenleben – das bedeutet, dass ich nicht mehr in meiner eigenen Kraft arbeite und kämpfe, sondern in der Kraft Christi. Nicht mehr meine Kraft, sondern die Gottes ist der Maßstab meiner Möglichkeiten. Streichen Sie das Wort »unmöglich« aus Ihrem Wortschatz. Was Gott Sie tun heißt, das können Sie auch! Es gibt nichts, was Sie daran hindern könnte, genau so zu werden, wie Gott Sie haben will. Kein Wunder, dass das Evangelium *Evangelium* heißt – »frohe Botschaft«!

Siegen ist eine Gabe Gottes

Ein Leben des Sieges ist nicht nur Gottes Ziel für jeden Christen, es ist auch seine Gabe an jeden Christen. »Jede Stätte, auf die eure Fußsohlen treten werden, habe ich euch gegeben, wie ich Mose zugesagt habe« (Josua 1,3). Wohlgemerkt, es heißt nicht: »werde ich euch geben«, sondern: »habe ich euch gegeben«. Noch bevor es sich auch nur eine Vorstellung von ihm hätte machen können, hatte Gott dieses Land mit allen seinen Schätzen seinem Volk gegeben.

Es ist ganz wesentlich, dies zu sehen: dass das sieghafte Christenleben eine Gabe ist, die wir bereits von Gott bekommen haben. Dies bedeutet nämlich, dass der Sieg gewiss ist. Es gibt keinen Grund, warum auch nur *ein* Christ dieses

Siegesleben nicht haben könnte, denn er bekommt es nicht durch eigene Anstrengungen, sondern es gehört zu seinem Geburtsrecht und Erbe als Kind Gottes. Wir müssen uns nicht mit unseren Niederlagen arrangieren; der Sieg Christi steht uns offen, wir brauchen ihn nur zu ergreifen.

Aber Gottes Kinder tun sich oft schwer damit, das zu glauben – schwerer als so manche Nichtchristen. Im 2. Kapitel des Josua-Buches erklärt Rahab, eine einfache Bürgerin des sturmreifen Jericho, den beiden hebräischen Kundschaftern:

> *Ich weiß, dass der HERR euch das Land gegeben hat*
> *... Denn wir haben gehört, wie der HERR das Wasser*
> *im Schilfmeer ausgetrocknet hat vor euch her, als ihr*
> *aus Ägypten zogt ... Und seitdem wir das gehört ha-*
> *ben, ist unser Herz verzagt, und es wagt keiner mehr,*
> *vor euch zu atmen; denn der HERR, euer Gott, ist*
> *Gott oben im Himmel und unten auf Erden.* (Josua*
> 2,9–11)

Bevor die Israeliten wussten, dass sie gewonnen hatten, wusste der Feind schon, dass er verloren hatte! Er hatte einen größeren Glauben an die Macht Gottes, als Gottes Volk selber es hatte.

Da der Sieg eine Gabe Gottes ist, ist er bereits eine Realität. Bevor Josua das Volk ins Land Kanaan führte, hatte Gott ihm gesagt: »Ich habe euch das Land gegeben.« Noch war es vom Feind besetzt, aber es war Gottes Land und er hatte es seinem Volk geschenkt. Jeder Schritt, den Josua tat, war ein Schritt auf erobertem Boden. Und genau das ist das sieghafte Christenleben: ein Gehen auf erobertem Boden. Lieber Mitchrist, jeder Schritt, den du heute tust, geschieht auf Boden, den unser Herr Jesus Christus erobert hat und beherrscht.

Der Sieg will errungen werden

Nachdem ich lang und breit dargestellt habe, dass das sieghafte Leben ein Geschenk sei, halten Sie diese Überschrift vielleicht für einen Widerspruch. Aber die Bibel lehrt beides. Gott sagte Josua, dass er das Land Kanaan den Israeliten gegeben habe, aber auch, dass sie es jetzt in Besitz nehmen müssten und dass dazu Kraft und Mut erforderlich seien. Das Geschenk war da und es war vollkommen, aber jetzt müssten die Israeliten ihrerseits etwas tun: dieses Geschenk annehmen, es sich aktiv aneignen.

Den gleichen Gedanken finden wir in Matthäus 11,28–29, wo Jesus zuerst sagt: »Kommt her zu mir, ich will euch Ruhe geben« und danach: »... so werdet ihr Ruhe finden.« Wie ist es nun: Gibt Jesus uns die Ruhe oder müssen wir sie selber finden? Beides ist richtig. Allein schon durch unser Kommen zu Christus bekommen wir Ruhe, aber es gibt eine zweite Ruhe (man kann sie mit dem sieghaften Leben vergleichen), die wir erst bekommen, wenn wir Christi Joch auf uns nehmen und von ihm lernen. Ruhe für die Seele – ein Geschenk und gleichzeitig etwas, was errungen sein will. Es sind die beiden Seiten derselben Münze: Gott schenkt und der Mensch erringt.

Wie erringen wir Sieg in unserem Christenleben? Was ist unsere Rolle? Das 1. Kapitel des Josua-Buches nennt drei Dinge.

1. Der Sieg wird durch Glauben errungen

Gott fordert Josua auf, ihn beim Wort zu nehmen und loszuziehen. Genau das ist Glaube: auf das Wortes Gottes hin handeln. »Unser Glaube ist der Sieg, der die Welt überwunden hat« (1. Johannes 5,4). Wir handeln dann im

Glauben, wenn wir davon ausgehen, dass Christus schon den Sieg für uns errungen hat, und ihm dafür danken. Wir gehen nicht auf den Sieg zu, wir gehen von ihm aus! Das Leben des Christen vollzieht sich auf dem Fundament eines bereits errungenen Sieges. Gehen Sie in jeden neuen Tag mit der folgenden Einstellung: »Herr, danke, dass jedes Problem, das heute auf mich zukommt, schon längst von dir gelöst worden ist. Jede Versuchung, die heute auf mich wartet, hast du schon überwunden.« Wenn Sie dagegen den Tag mit dem schönen Vorsatz beginnen, heute aber ganz bestimmt Ihr Bestes zu geben und Jesus treu zu bleiben, werden Sie jämmerlich versagen. *Siegen heißt nicht, mein Bestes für Jesus geben, sondern Jesus gibt sein Bestes für mich!* Sie brauchen keine Siege mehr zu erringen, Jesus hat sie schon errungen. Alle. Vertrauen Sie auf ihn.

2. *Der Sieg wird durch Gehorsam errungen*

Gott befahl Josua: »Sei nur getrost und ganz unverzagt, dass du hältst und tust in allen Dingen nach dem Gesetz, das dir Mose, mein Knecht, geboten hat. Weiche nicht davon, weder zur Rechten noch zur Linken, damit du es recht ausrichten kannst, wohin du auch gehst« (Josua 1,7). Hier ist Gottes Formel für Erfolg: Josua, es hängt von dir ab.

Sie mögen einwenden: »Haben Sie nicht eben gesagt, dass es ganz von Christus abhänge?« Ja, es hängt von ihm ab, aber unser Herr kann uns den Erfolg nur dann schenken, wenn wir uns an seine Anweisungen halten. Vor ein paar Jahren flog ich im Urlaub eine Treppe hinunter und erlitt eine Knöchelverletzung. Ich ging in die Unfallambulanz des nächsten Krankenhauses, und während ich dort im Warteraum saß, bemerkte ich ein Schild an der Wand, auf dem stand: »Wenn nichts mehr geht, versuchen Sie, die Anweisungen zu befolgen.« Das Schild machte mir Mut (ich hoffte nur, dass sich auch die Ärzte daran halten würden). Gott sagte Josua das Gleiche. Und uns.

Das von Luther in Josua 1,7 mit »Gesetz« wiedergegebene hebräische Wort bedeutet »Anweisungen«, und genau das ist Gottes Gesetz: eine Sammlung von Anweisungen, wie man richtig lebt. Wir werden mehr über dieses Thema im folgenden Kapitel hören. Halten wir hier nur fest: Ob wir wirklich glauben, zeigt sich darin, ob wir Gottes Anweisungen gehorchen; ohne solchen Glaubensgehorsam können wir ihm keine Ehre machen und keinen Sieg in unserem Christenleben erfahren.

Der dritte Punkt mag Sie überraschen:

3. Der Sieg wird durch Kämpfen errungen

Als die Israeliten Ägypten verließen, hätte Gott sie auf dem direkten Wege, die Küstenstraße entlang, nach Kanaan führen können; stattdessen begann ein langer Umweg durch die Wüste. Warum das? Die Erklärung dafür finden wir in 2. Mose 13,17:

> *Als nun der Pharao das Volk hatte ziehen lassen, führte sie Gott nicht den Weg durch das Land der Philister, der am nächsten war; denn Gott dachte, es könnte das Volk gereuen, wenn sie Kämpfe vor sich sähen, und sie könnten wieder nach Ägypten umkehren.*

Die Israeliten waren noch nicht kampfbereit. Um das Land Kanaan zu betreten, waren mutige Soldaten nötig, und so schob Gott die direkte militärische Konfrontation auf, bis die Israeliten bereit zu ihr waren.

Das Land der Fülle ist vom Feind besetzt und er wird uns nicht ohne Widerstand hineinlassen. Wenn wir unseren Sieg in Anspruch nehmen, müssen wir mit geistlichen Kämpfen rechnen. Ist Ihnen schon einmal aufgefallen, dass die Israeliten in der Wüste nie kämpften (ausgenommen gegeneinander)? Die Kriegshandlungen begannen erst, als sie das Land Kanaan betraten. Dies hat uns etwas zu sagen.

Ich wiederhole, dass dies nicht der Tatsache widerspricht, dass der Sieg nicht aus unserem Bemühen, sondern aus Gott kommt. Wir müssen wohl kämpfen, aber dieses Kämpfen geschieht in der Kraft Christi. Christen müssen stark in dem Herrn sein und die ganze Waffenrüstung Gottes anlegen, damit sie alle Angriffe des Feindes abwehren können (Epheser 6,10–17).

Aber ohne Konflikte und Konfrontationen wird es nicht abgehen. Das Schiff Zions ist ein Schlachtschiff, keine Luxusjacht. Es gibt Zeiten, wo es leicht ist, zu beten und den Herrn zu preisen, und es gibt Zeiten, wo es ein Kampf ist. Regelmäßig, gerne und mit Gewinn die Bibel lesen – das geht manchmal nur durch eiserne Disziplin. Wenn unser Glaube schwach wird, unsere Begeisterung abkühlt und unser Körper ermüdet, dann brauchen wir die ganze Rüstung Gottes, um die Angriffe des Teufels abzuweisen.

Der frisch bekehrte Christ möchte manchmal am liebsten die ganze Welt umarmen. Ob er seinen Glauben bezeugt, betet oder sich in die Bibel vertieft, alles gelingt ihm, das Wort »Versuchung« scheint er nicht zu kennen. Gott erspart ihm die Konfrontationen und Kämpfe zunächst, weil er noch nicht reif für sie ist. Wenn sie dann plötzlich doch kommen, wird unser armer Christ ganz frustriert und versteht die Welt nicht mehr: Was habe ich bloß falsch gemacht? In dieser Phase flüstert ihm der Satan gerne ins Ohr, dass er eben ein unverbesserlicher Versager sei und dass Gott ihn verlassen habe. Aber Gott hat ihn nicht verlassen, sondern Gott hat mit der Grundausbildung begonnen, die diesen Christen zu einem nützlichen Soldaten Christi machen soll.

Der erste Sieg Josuas war recht einfach. Bei Jericho wurde keine blutige Schlacht geschlagen; das Volk marschierte einfach dreizehnmal um die Stadtmauern herum, blies seine Posaunen und erhob ein Kriegsgeschrei und die mächtigen Mauern fielen um – das war alles. Doch die folgenden Siege waren nicht mehr so einfach; jetzt mussten die Israeliten kämpfen, und das mit allem, was sie hatten. Bilden Sie sich nicht ein, dass die geistlichen Kämpfe in Ihrem Leben alle nach dem Muster Jericho verlaufen werden; in dem Maße, wie Sie ein reiferer Christ werden, werden Sie immer häufiger in den anstrengenden Nahkampf verwickelt werden, von dem Epheser 6 spricht.

Dies war ein langes Kapitel, aber es war nötig, um die Grundwahrheiten des sieghaften Christenlebens darzustellen. Ein Leben des Sieges ist Gottes Ziel und Geschenk für jeden Christen, das durch den Tod und die Auferstehung Jesu im Grunde bereits Wirklichkeit ist. Doch dies bedeutet nicht, dass jeder Christ automatisch und »einfach so« ein Leben des Sieges führt, sondern er hat auch selber etwas beizutragen: Er muss das, was Gott ihm da anbietet, auch annehmen und sich aktiv zu Eigen machen.

Lassen Sie mich dies mit einem Beispiel illustrieren. Im Vorraum unserer Kirche ist ein kleiner Trinkwasserbrunnen. Nehmen wir an, eines schönen Sonntags, nach dem Gottesdienst, sehe ich, wie Sie vor diesem Brunnen knien und ihn mit wie zum Gebet gefalteten Händen um Wasser bitten: »Bitte gib mir zu trinken, nur ein kleines bisschen!« Was wird passieren? Nichts (außer dass vielleicht jemand vorbeikommt und Sie kopfschüttelnd anschaut). Wer aus einem Trinkwasserbrunnen trinken will, der muss gefälligst an das

Becken treten, den Mund unter den Wasserhahn halten, den Hebel betätigen und schlucken – so einfach ist das. Jesus hat alle, die durstig sind, eingeladen, zu ihm zu kommen und vom Wasser des Lebens zu trinken, aber er sperrt uns nicht mit Gewalt den Mund auf und flößt uns das Wasser ein. Der Brunnen wartet: Komm und trink!

2. Von der Theorie zur Praxis

Ist er Ihnen auch schon aufgefallen, der Unterschied zwischen dem, was die Bibel über uns sagt, und dem, was wir wirklich sind?

Vor einigen Jahren flog ich zu einem Vortragstermin in eine Stadt im Norden der USA. Ein Mann, den ich noch nie gesehen hatte, sollte mich am Flughafen abholen, aber als ich in das Empfangsgebäude trat, kam niemand auf mich zu. Viele Leute standen da und warteten auf Passagiere, doch für mich interessierte sich niemand. Nach einer Weile kam eine Lautsprecherdurchsage: Ich wurde gebeten, zum Schalter der Fluggesellschaft zu kommen. Ich ging hin, und richtig, da wartete »mein« Mann auf mich. Es war einer von denen, die auf die Passagiere des Flugs gewartet hatten, und ich war direkt an ihm vorbeigelaufen, ohne dass er mich erkannt hatte. Er entschuldigte sich wortreich und sagte: »Ich hatte ein Foto von Ihnen, aber Sie sehen ja ganz anders aus.« Diesen Satz höre ich so oft, dass ich mittlerweile antworte: »Tja, das Bild hab ich machen lassen, als ich noch viel älter war.«

Bei vielen, vielen Christen gibt es ganz ähnliche Erkennungsschwierigkeiten. Die Bibel gibt eine ziemlich genaue Beschreibung, was ein Christ ist, aber ich frage mich manchmal, ob die Menschen nicht überrascht sind, wenn sie hören, dass wir Christen sind. Könnte es sein, dass sie uns am liebsten sagen wollen: »Ich hatte ein Bild von dir in meiner Bibel, aber du siehst ja ganz anders aus«?

Schauen wir uns unser biblisches Passfoto einmal an. In 1. Johannes 5,4 lesen wir: »Unser Glaube ist der Sieg, der die Welt überwunden hat.« Früher dachte ich, wenn ich diesen Vers las: »Aha, deswegen kann ich also die Welt nicht überwinden – ich habe nicht genug Glauben. Wenn Gott mir mehr Glauben gäbe, dann könnte ich auch siegen.« Bis ich eines Tages den nächsten Vers las und es aus war mit meiner schönen Ausrede: »Wer ist es aber, der die Welt überwindet, wenn nicht der, der glaubt, dass Jesus Gottes Sohn ist?« (V. 5) Der Glaube, der die Welt überwindet, ist nicht ein Superglaube, den nur ein paar besonders Begnadete haben. Es geht überhaupt nicht darum, *wie viel* Glauben ich habe, sondern an *was* oder *wen* ich glaube. Der Fall ist klar: Wenn Sie glauben, dass Jesus der Sohn Gottes ist, dann sind Sie jemand, der die Welt überwindet. Nun, ich hatte diesen Glauben – aber ein Überwinder war ich nicht!

Betrachten wir unser Foto weiter. In Römer 8,37 heißt es: »Aber in dem allen überwinden wir weit durch den, der uns geliebt hat.« Die von Luther mit »überwinden wir weit« wiedergegebene griechische Formulierung ist etwas schwierig zu übersetzen. Das griechische Wort malt das Bild eines Super-Eroberers. Der Christ überwindet nicht nur ein bisschen, sondern der Sieg ist total. Wohl die meisten Christen glauben, dass sie am Ende schon irgendwann gewinnen werden; der Sieg gehört Jesus. Aber es wird knapp werden, so ähnlich wie in einem Fußballspiel, wo unsere Mannschaft in der letzten Spielminute einen Elfmeter verwandelt – Endstand 5 : 4. Aber genau das ist nicht das, was Paulus meint. Das Spiel der Christen gegen den Teufel wird nicht 5 : 4 ausgehen, sondern 10 : 0. (Übrigens: Römer 8,37 ist keine Verheißung, sondern eine Tatsachenfeststellung.)

Noch ein letzter Blick: »Wer aber von dem Wasser trinken wird, das ich ihm gebe, den wird in Ewigkeit nicht dürsten« (Johannes 4,14). Im Griechischen steht hier eine doppelte Negativkonstruktion: »den wird nicht und niemals dürsten«. Was schlechtes Deutsch, aber beste Theologie ist. Schon ein Schluck von dem Wasser des ewigen Lebens reicht, um den Durst des Gläubigen auf ewig zu stillen.

Aber zurück zu unserem Problem: Der Name unter diesem Foto ist Ihrer – aber sind das wirklich Sie? Es klafft eine peinliche Kluft zwischen dem Bild und dem Menschen und die große Preisfrage ist: Wie überbrücken wir diese Kluft zwischen dem, was wir sein sollten, und dem, was wir sind? Wie kommen wir von der Theorie zur Praxis?

Das Schlüsselwort heißt *Antwort*. Das, was Gott *über* uns sagt, wird in unserem Leben Realität, wenn wir auf das antworten, was Gott *zu* uns sagt. Das ganze Christenleben ist ja ein Antworten. Wir wurden gerettet, weil wir auf Gottes Gnadenangebot eingingen. Wir suchten ihn, weil er uns suchte. Wir lieben ihn, weil er uns zuerst geliebt hat (1. Johannes 4,19). Er ruft uns zu: »Ihr sollt heilig sein, denn ich bin heilig« (1. Petrus 1,16). Und Johannes sagt uns, dass wir im Licht leben sollen, weil Gott im Licht ist (1. Johannes 1,7).

Der Alltag des Christenlebens folgt dem gleichen Grundmuster wie unsere Bekehrung. »Wie ihr nun den Herrn Christus Jesus angenommen habt, so lebt auch in ihm« (Kolosser 2,6). Als die Israeliten Ägypten verließen und als sie das Land Kanaan betraten, mussten sie beide Male ein Gewässer durchqueren. Gottes Methode war in beiden Fällen die gleiche und das zeigt uns ein wichtiges geistliches Prinzip: Gottes Methoden verändern sich nicht. Wir sind aus Gnade und durch Glauben errettet und wir leben unser Christenleben aus der gleichen Gnade heraus und mit demselben Glauben. Wir wurden Christen, als wir uns im Glauben auf Jesus Christus einließen, und wir bleiben Christen, indem wir weiter im Glauben auf Jesus eingehen. Unser Eingehen auf Gott ist gleichsam die Tinte, mit der wir die Geschichte unseres Christenlebens schreiben.

Die Evangelien geben uns ein hervorragendes Beispiel, wie segensreich dieses Eingehen auf Gott sein kann. Simon Petrus und seine Mitarbeiter haben eine erfolglose Arbeitsnacht auf dem See Genezareth hinter sich, als Jesus zu ihnen kommt und sie fragt: »Habt ihr etwas gefangen?« – »Nein«, antworten sie, »wir haben die ganze Nacht gearbeitet und nichts gefangen.« Jesus sagt: »Fahrt hinaus, wo es tief ist, und werft eure Netze aus!« Petrus hätte antworten können: »Kümmere du dich um dein Predigen und überlass das Fischen uns, das ist unser Beruf.« Oder: »Da haben wir es doch schon versucht.« Oder: »Unsere Väter sind erfahrene Fischer und haben uns alles beigebracht. Es sind eben gerade keine Fische da.« Doch stattdessen antwortet Petrus: »Gut, auf dein Wort will ich die Netze auswerfen.« Und sie machten den Fang ihres Lebens (Lukas 5,1–11).

Im ersten Kapitel des Buches Josua finden wir ein dreifaches Antworten auf Gottes Wort, das den Sieg garantiert. Wenn Josua sich an diese drei Dinge halten würde, würden die Israeliten das Land, das Gott ihnen verheißen hatte, in Besitz nehmen können.

Gottes Verheißungen annehmen

Sie sagen vielleicht: »Das habe ich schon getan. Ich glaube an die Bibel, jedes Wort darin ist für mich Gottes Wort.« Das ist gut, aber es ist nicht ganz das, was ich meine. Was ich meine, ist, dass Sie Gottes Verheißungen ganz persönlich für sich in Anspruch nehmen müssen als *Ihre* Verheißungen, gerade so, als ob Sie der erste und einzige Mensch wären, dem Gott sie gegeben hat.

Gottes Verheißungen gelten nicht nur für die
Glaubenshelden der Geschichte

Als Gott Josua seinen Auftrag gibt, sagt er ihm, dass die Verheißungen, die er einst Mose gegeben, jetzt für ihn gelten würden: »Wie ich mit Mose gewesen bin, so will ich auch mit dir sein. ... denn du sollst diesem Volk das Land austeilen, das ich ihnen zum Erbe geben will, wie ich ihren Vätern geschworen habe« (Josua 1,5–6).

Mose war gestorben – Gottes Verheißungen nicht. Er erneuert sie für jede Generation. Wir müssen sie betrachten und ausrufen: »Das sind ja *meine* Verheißungen! Gott hat sie nicht nur Josua oder Paulus oder Petrus oder der Alten Kirche gegeben, sondern mir!« In Jesus Christus sind alle Verheißungen Gottes »Ja« und »Amen« (2. Korinther 1,20).

Gottes Verheißungen haben kein Verfallsdatum

Josua stand am Ende von vierzig Jahren des Misserfolgs. Stellen Sie sich das vor: Eine ganze Generation war gestorben, seit Gott seine Verheißung gegeben hatte. Aber all diese Jahre konnten Gottes Worte, die Ewigkeitsworte sind, nicht auslöschen. Der Psalmist singt: »Herr, dein Wort bleibt auf ewig, es steht fest wie der Himmel. Deine Treue währt von Geschlecht zu Geschlecht« (Psalm 119,89–90 Einheitsübersetzung).

Lassen Sie sich Gottes Verheißungen nicht von läppischen zweitausend Jahren wegnehmen!

Gottes Verheißungen sind nicht von den Umständen abhängig

»Mein Knecht Mose ist gestorben« – wie ein Donnerschlag sind diese Worte Gottes in Josua 1,2. Mose, der Treue, Mose, der Altbewährte, der Mann, mit dem Gott von Angesicht zu Angesicht redete wie mit einem Freund. Mose ist nicht mehr.

Wie wird sein Nachfolger, Josua, sich bewähren? Wenn der große Mose die Israeliten nicht in das Land Kanaan bringen konnte, wer dann? Warum sollte Josua Erfolg haben, wo Mose gescheitert war? Die Lage sah nicht sehr ermutigend aus. Aber Gott stellt klar, dass zwar die Umstände sich verändert hätten, aber seine Pläne nicht. Und wie könnte es auch anders sein? Gott selber hat ja die Umstände geschaffen! Er selber hatte Mose sterben lassen, er selber hatte ihn beerdigt. Nehmen wir es zur Kenntnis: Gott wird nie Umstände schaffen, die seinen Plänen zuwiderlaufen, und wenn es hundertmal anders aussieht. In der Hand unseres allmächtigen Herrn kann jede Situation letztlich nur seinem Heilsplan förderlich sein.

Der schnellste Weg zur Niederlage ist, auf die Umstände zu starren wie das Kaninchen auf die Schlange. Der Sieg im Leben des Christen hängt nie von den Umständen ab – Gott sei Dank! Wenn alle anderen untreu werden, bleibt Gott doch treu. Jede widrige Situation ist ein neuer Aufruf zum Gottvertrauen. Jede Schwierigkeit ist eine neue Gelegenheit für Gott, seine Treue zu demonstrieren.

An Gottes Verheißungen festhalten

Wer das erste Kapitel des Josua-Buches liest, der merkt, dass im Zentrum von Josuas Beauftragung durch Gott das Gesetz Gottes steht. Gott macht unmissverständlich klar, dass Josua seinen Auftrag nur dann erfolgreich ausführen kann, wenn er Gottes Worte durch und durch kennt und befolgt:

> *Sei nur getrost und ganz unverzagt, dass du hältst und tust in allen Dingen nach dem Gesetz, das dir Mose, mein Knecht, geboten hat. Weiche nicht davon, weder zur Rechten noch zur Linken, damit du es recht aus-*

richten kannst, wohin du auch gehst. Und lass das Buch dieses Gesetzes nicht von deinem Munde kommen, sondern betrachte es Tag und Nacht, dass du hältst und tust in allen Dingen nach dem, was darin geschrieben steht. Dann wird es dir auf deinen Wegen gelingen, und du wirst es recht ausrichten. (Josua 1,7–8)

In dem Wort »gelingen« schwingt die Vorstellung mit, dass Josua richtige und weise Entscheidungen treffen würde. Das Wort Gottes würde ihn befähigen, in jeder Lage die richtige Entscheidung zu treffen und so seinen Auftrag erfolgreich auszuführen. Dies ist eine Wahrheit, die wir lernen müssen. Egal, was unsere Talente und Fähigkeiten sind, allein die disziplinierte Hingabe an Gottes Wort kann uns dazu ausrüsten, Gottes Willen zu tun.

Gottes Wort muss an die erste Stelle kommen

Im Alltag des Christen muss die Bibel den ersten Platz einnehmen; sie hat seine absolute Richtschnur zu sein. Man beachte, wie Gott das Gesetz über Josua stellt; obwohl er der Nachfolger des Mose und der von Gott erwählte Führer der Israeliten war, musste er Gottes Weisungen peinlich genau befolgen, ohne Wenn und Aber: »Weiche nicht davon, weder zur Rechten noch zur Linken.«

In Johannes 14,21 drückt Jesus unsere Beziehung zu Gottes Wort so aus: »Wer meine Gebote hat und hält sie, der ist's, der mich liebt. Wer mich aber liebt, der wird von meinem Vater geliebt werden, und ich werde ihn lieben und mich ihm offenbaren.« Das hier mit »hält« übersetzte Wort bedeutet »wachsam sein, ein Auge auf etwas haben« und wurde ursprünglich zur Bezeichnung der Navigationskunst der antiken Seefahrer benutzt, die ihre Schiffe durch das sorgfältige Beobachten der Sterne auf Kurs hielten. Ähnlich halten wir heute unser Auto auf Kurs, indem wir sorgsam auf Straßenmarkierungen und Schilder achten und immer wieder in den Rückspiegel schauen. Jesus sagt uns, dass wir ein waches Auge auf seine Gebote haben und nach ihnen handeln sollen. Unser Leben soll sich nach ihnen richten, so wie ein guter Autofahrer sich nach den Verkehrsschildern richtet.

Wir müssen Gottes Wort voll in die Tat umsetzen

Was heißt das? Nun, erstens sollte Gottes Wort unser Reden bestimmen. Gott wies Josua an: »Lass das Buch dieses Gesetzes nicht von deinem Munde kommen« (Josua 1,8). Sein Reden und seine Gespräche sollten ganz von Gottes Gesetz bestimmt sein.

Im Neuen Testament schreibt Petrus: »Wer redet, der rede mit den Worten, die Gott ihm gibt« (1. Petrus 4,11 Einheitsübersetzung). In seinem Brief an die Epheser schreibt Paulus: »Lasst kein faules Geschwätz aus eurem Mund gehen, sondern redet, was gut ist, was erbaut und was notwendig ist, damit es Segen bringe denen, die es hören« (Epheser 4,29). Und an die Kolosser: »Redet mit jedem Menschen freundlich, aber scheut euch nicht, die Wahrheit zu sagen. Dann werdet ihr schon für jeden die richtigen Worte finden« (Kolosser 4,6 Hoffnung für alle). John Bunyan, der Autor der bekannten *Pilgerreise,* bekehrte sich, nachdem er ein Gespräch zwischen mehreren Frauen mitbekommen hatte. Wenn jemand Ihnen heimlich zuhörte, würden Ihre Worte ihn zu Christus führen?

Zweitens hat Gottes Wort im Zentrum unseres *Denkens* zu stehen. »Betrachte es Tag und Nacht«, befahl Gott Josua (Josua 1,8a). Es war dieses Meditieren über das Wort Gottes, das Josua befähigen würde, ihm in allen Dingen zu gehorchen (Vers 8b). Von diesem Nachsinnen über Gottes Wort spricht auch Psalm 1,2: »... sondern hat Lust am Gesetz des HERRN und sinnt über seinem Gesetz Tag und Nacht!« Das Ergebnis solcher Meditation: »Der ist wie ein Baum, gepflanzt an den Wasserbächen, der seine Frucht bringt zu seiner Zeit, und seine Blätter verwelken nicht. Und was er macht, das gerät wohl« (Psalm 1,3).

Was genau das ist, was Gott Josua sagte. Sieht ganz so aus, als ob er uns etwas zeigen will. Er will uns zeigen, dass das Nachdenken über das Wort Gottes der Schlüssel zu einem erfolgreichen Christenleben ist.

Das mit »betrachten«, »nachsinnen« oder »meditieren« übersetzte hebräische Wort ist mit »summen« verwandt. Ein berühmter Sänger wurde einmal gefragt, warum er dauernd vor sich hinsummte. Er antwortete, dass er damit seine Stimmbänder warm halte, damit er jederzeit auftreten und singen könne. Ganz ähnlich halten wir mit dem ständigen Nachdenken über Gottes Wort unsere Seele gehorsamsbereit. Das Wort Gottes sollte uns wie eine Melodie werden, die uns nicht mehr aus dem Kopf geht; es sollte unser ganzes Leben durchdringen und uns in Fleisch und Blut übergehen. Dann werden wir die richtigen Entscheidungen treffen können. Wenn wir in eine Situation kommen, mit der wir nicht fertig werden, wird Gott uns seine Weisheit geben – weil wir in seinem Wort geblieben sind.

Nach Gottes Verheißungen handeln

Ich traf einmal einen Mann, der mir sagte, dass er jeden Tag in der Bibel lese und bete und sogar Teile der Bibel auswendig gelernt habe. »Aber«, seufzte er, »es hat mein Leben überhaupt nicht verändert.« Nachdem ich eine Weile mit ihm geredet hatte, entdeckte ich, was ihm fehlte: Er hatte das, was er aus der Bibel gelernt hatte, nicht in die Tat umgesetzt. Es reicht nicht, wenn man regelmäßig die Bibel liest, Verse auswendig lernt und über sie nachdenkt; wir müssen das, was wir da lesen, auch umsetzen.

Das Nachdenken über Gottes Wort hat, wie wir bei Josua gesehen haben, ein ganz bestimmtes Ziel: den Gehorsam. »Betrachte es Tag und Nacht, dass du hältst und tust in allen Dingen nach dem, was darin geschrieben steht. Dann wird es dir auf deinen Wegen gelingen« (Josua 1,8).

Die Bibel lesen gibt uns das nötige *Wissen* über Gott; ihr gehorchen gibt uns *Erfahrungen* mit Gott. Es gibt viele Christen, die wissen eine Menge *über* Gott, aber Gott selber – die persönliche, innige Gemeinschaft mit ihm – kennen sie nicht. Ihr Leben wird dann anders werden, wenn Sie anfangen, das, was Sie gelesen haben, auch zu tun. Gott hat uns die Bibel nicht gegeben, um unsere Neugierde zu befriedigen oder unsere Spekulationslust zu kitzeln; er sucht unseren Gehorsam. Das ist das eigentliche Ziel jeder Gottesoffenbarung. »Ich behalte dein Wort in meinem Herzen, damit ich nicht wider dich sündige«, betet der Psalmist in Psalm 119,11. Viele Christen verdrehen diesen Satz zu: »Ich behalte dein Wort in meinem Herzen, damit meine Freunde staunen, was ich alles weiß.«

Gehorsam ist Kooperation mit Gott

Gott hatte Israel das Land Kanaan bereits gegeben, aber um es wirklich in Besitz zu nehmen, musste Josua hineingehen. Er bekam nur so viel von dem Land, wie seine Füße betreten würden (Josua 1,3). Das ist heute nicht anders. Gott gibt uns nur so viel von unserem Kanaan, wie wir im Gehorsam unter die Füße nehmen.

Gott gehorchen heißt ihm vertrauen

»Ich habe euch das Land gegeben«, sagte Gott Josua, und Josua glaubte dies. Ich habe eine wunderbare Entdeckung gemacht: Gott verlangt nie etwas von uns, ohne uns gleichzeitig die dazu nötige Kraft zu geben. Unser Gehorsam besteht schlicht darin, dass wir »Amen« sagen zu Gottes Verheißung. Josua konnte das Land in Besitz nehmen, weil Gott es ihm bereits gegeben hatte. Dies bedeutet, dass Ungehorsam sozusagen eine Verleumdung Gottes ist, eine bösartige Nachrede; ich sage gleichsam: »Gott, du bist nicht vertrauenswürdig.« Gehorsam dagegen bedeutet, dass ich sage: »Gott, ich vertraue dir, und um dies zu beweisen, werde ich alles tun, was du von mir verlangst.«

Gehorsam ist Vertrauen auf Gottes Verheißungen. Aber er ist noch mehr: Vertrauen auf Gottes Gegenwart. Hören wir noch einmal Josua 1,9: »Siehe, ich habe dir geboten, dass du getrost und unverzagt seist. Lass dir nicht grauen und entsetze dich nicht; denn der HERR, dein Gott, ist mit dir in allem, was du tun wirst.« Gott ist mit uns – das ist es, was uns letztlich den Mut zum Gehorchen gibt, selbst in Situationen, wo die Probleme unüberwindlich scheinen. Und er ist uns Christen noch näher, als er Josua war, denn er wohnt durch seinen Heiligen Geist in uns.

Lieber Leser, Sie halten den Schlüssel zur Tür des Sieges in der Hand. Dieser Schlüssel ist Ihre Reaktion auf die Verheißungen Gottes. Benutzen Sie ihn, und er wird Ihnen die Schatzkammer des Himmels öffnen.

3. Auf »Los!« geht's los

Als Kind genoss ich es immer, wenn wir einen Ausflug machten. Dann kaufte Vater die passenden Straßenkarten und am Abend legten wir sie auf den Fußboden und planten unsere Reiseroute und wo wir überall eine Pause machen wollten. Wie wohl die meisten Familien planten wir mehr, als wir dann tatsächlich reisten. Aber dann und wann war es wirklich so weit und es ging los. Wissen Sie, woran ich das merkte? Daran, dass Mutter anfing, unsere Sachen zu packen. Dann vibrierte ich richtig. Das Packen war fast das Schönste an der ganzen Reise. Aber auch das Schwierigste und Wichtigste; oft dauerte es länger als der eigentliche Ausflug.

Im geistlichen Leben ist das nicht anders. Sich vorbereiten ist ein Akt des Glaubens. Wenn wir wirklich glauben, dass Gott handeln wird, dann bereiten wir uns darauf vor. Wenn wir ihn um Regen bitten, sollten wir unseren Regenschirm parat haben. Ich mache in meinem Leben mit Gott immer wieder die Erfahrung, dass er mir nur solche Dinge gibt, für die ich bereit bin.

Nachdem Gott zu Josua gesprochen hatte, war dieser so überzeugt davon, dass Gott mit den Israeliten gehen und ihnen das Land geben würde, dass er dem Volk befahl, sich umgehend auf den Einmarsch vorzubereiten. Gott hatte gesprochen und der Glaube der Israeliten an dieses Wort zeigte sich darin, dass sie sich fertig machten. Wir lesen:

> Da gebot Josua den Amtleuten des Volks und sprach: Geht durch das Lager und gebietet dem Volk und sprecht: Schafft euch Vorrat; denn nach drei Tagen werdet ihr hier über den Jordan gehen, dass ihr hineinkommt und das Land einnehmt, das euch der

HERR, euer Gott, geben wird. ... Heiligt euch, denn morgen wird der HERR Wunder unter euch tun.
(Josua 1,10–11; 3,5)

Es ist das vorbereitete Volk, das das Land einnimmt. Was waren das für Vorbereitungen, die die Israeliten trafen?

Die richtige Ernährung

»Schafft euch Vorrat«, sagte Gott. Das ist interessant. Hier ist eine ganze Nation (es können drei Millionen Menschen gewesen sein), die einen angeschwollenen Fluss überqueren will, und was ist das Erste, was sie zur Vorbereitung tun soll? Doch sicher eine Brücke bauen? Oder wenigstens Boote? Nein, sagt Gott. Keine Brücke und keine Boote, sondern – Brot.

Während der Wüstenwanderung hatte Gott den Israeliten das Manna gegeben. Wenn Sie mitten in einer Wüste sind und sonst nichts zu essen haben, mag Manna ganz schön sein, aber in manchen Predigten und Erbauungsliedern ist es entschieden überbewertet worden. Manna, das waren trockene, harte, wenig aufregend schmeckende Körnerfladen, ganz und gar nicht zu vergleichen mit Rindersteak oder Schokoladenpudding. Man konnte davon leben, aber das war alles. Es war eine Nahrung, die einen Wüstenwanderer am Leben erhalten konnte; für Soldaten, die ein neues Land erobern sollten, taugte sie nicht.

Die meisten der Christen, die ich kenne, leben von einer Wüstendiät, die gerade für das nackte Leben ausreicht. Wer das Land der Verheißung in Besitz nehmen und täglich Sieg erfahren will, der braucht etwas Besseres.

Nein, ich meine nicht Ihren Speiseplan, sondern Ihre persönliche Gemeinschaft mit dem Herrn in Bibellesen und

Gebet. Ich bin überzeugt, dass diese Gemeinschaft das absolute Fundament eines gesunden Christenlebens ist. Also: Wie viel Zeit haben Sie sich *heute* für Gott genommen, vor Ihrer aufgeschlagenen Bibel? Wenn Sie im Ernst ein Sieger werden wollen, dann fangen Sie *jetzt* an, sich jeden Tag einen Termin für Gott freizuhalten. Wie viel Durchhaltekraft Sie in den Kämpfen Ihres Lebens haben, hängt direkt von der Qualität der inneren Nahrung ab, die Sie vom Herrn bekommen.

Warten können

Dieser Teil der Vorbereitung der Israeliten ist noch erstaunlicher als der erste. Nach drei Tagen erst würden sie den Jordan überschreiten. Warum diese Verzögerung? Die vierzig Wartejahre in der Wüste reichten doch wohl ... Aber Gott sagte: »Wartet.« Eines der Dinge, die ich über Gott gelernt habe, ist, dass er nie in Eile ist. Das ist nicht einfach für mich; Warten ist überhaupt nicht meine Stärke. Wir sind es in unserer Gesellschaft gewöhnt, alles sofort zu bekommen: unseren Bankkredit, die Autoreparatur, den Kaffee. Wir rufen: »Gott, gib mir Geduld, aber sofort!« Doch Gott vergeudet seine Zeit nie und jedes Warten hat seinen Sinn in seinem Plan.

Gott benutzte die dreitägige Wartezeit, um drei Dinge zu erreichen. Erstens gab er den Israeliten Gelegenheit, ihre Situation realistisch einzuschätzen. Drei Tage lang hatten sie den vom Hochwasser angeschwollenen Fluss vor Augen. Ich kann mir vorstellen, wie sie einander zuflüsterten: »Und da sollen wir rüber? Ohne Brücke, ohne Schiffe? Wie soll das gehen?« Ja, wie sollte das gehen? Genau das wollte Gott ihnen zeigen.

Hat Gott so etwas bei Ihnen auch schon gemacht? Mich

hat er schon oft am Ufer meines Jordans stehen lassen, und je länger ich hinschaute, umso unmöglicher erschien mir meine Situation, sodass ich schier zu Gott um Hilfe schrie: Wie kannst du mich lieben und in dieser Patsche lassen? Meilenweit konnte ich kein Schiff und keine Brücke sehen und schließlich war es mir klar: Ohne Gott bist du verloren. Wenn wir begriffen haben, dass allein Gott uns noch helfen kann, dann sind wir bereit.

Die Wartezeit war auch eine Zeit der Bestätigung. Vierzig Jahre zuvor waren zwölf Kundschafter von Kadesch-Barnea aus nach Kanaan gegangen und ihr Schreckensbericht war Schuld daran gewesen, dass den Israeliten das Herz in die Hosen gefallen und sie nicht in das Land gekommen waren. Diesmal sendet Josua heimlich zwei Kundschafter aus, und sie kommen mit der Meldung wieder, dass Gott mit den Israeliten sei – die Bewohner des Landes zittern vor ihnen. Gott benutzte die Wartezeit, um seine Verheißung zu bekräftigen.

Wenn wir vor unserem Jordan stehen und warten müssen, dann sollten wir Augen und Ohren offen für Gott halten; er wird uns ein Zeichen nach dem anderen geben, dass er unser Problem lösen kann.

Drittens war die Wartezeit eine Zeit der Scheidung. Als Mose noch lebte, hatten die Stämme Ruben und Gad und der halbe Stamm Manasse sich die Wildnis östlich des Jordans, in der es fruchtbares Land gab, als Siedlungsgebiet gewählt. Sie wollten lieber die Wildnis als Kanaan und ein frustrierter Mose hatte gesagt: »Ihr wollt doch wohl nicht eure Brüder alleine in den Kampf ziehen lassen, um Kanaan einzunehmen! Wenn ihr denn unbedingt wollt, dann lasst euch hier nieder, aber zuerst müsst ihr mit uns in den Kampf ziehen!« (Vgl. 4. Mose 32) In Josua 1,12–18 setzt Josua diese Vereinbarung, die die Stämme und Mose damals trafen, um.

Diese Episode ist geistlich äußerst lehrreich. Gott lässt uns selber wählen, wie tief unser Christenleben gehen soll. Er zwingt niemanden, das Land des Sieges zu betreten. Wenn wir lieber die Wildnis haben, dann kriegen wir die Wildnis. Die Nachkommen jener Stämme finden sich heute in jeder Gemeinde. Sie leisten ihren Anteil am Arbeiten und Kämpfen, aber dann kehren sie wieder in ihre geistliche Wüste zurück und verzichten auf das Siegerleben, das Christus für sie errungen hat. Sie spenden fleißig, machen vielleicht in der Kinderkirche mit, unterstützen den Pastor und kommen treu zum Gottesdienst – und wenn der Gottesdienst aus ist, klappen sie ihr Gesangbuch zu und kehren zurück in den grauen Alltag der Niederlagen.

Das tragische Ende dieser Geschichte ist, dass Jahrhunderte später diese zweieinhalb Stämme die ersten waren, die von den Assyrern überrannt und deportiert wurden.

Wenn die großen Prüfungen kommen, sind die Ersten, die fallen, diejenigen, die sich auf der falschen Seite des Jordans niedergelassen haben.

Eine neue Hingabe

Am Ende der drei Tage befiehlt Josua den Israeliten, sich zu »heiligen«, also sich für Gott zu reinigen, sich ihm zu weihen. Das letzte Mal hatten sie diese Aufforderung gehört, als Mose auf den Sinai ging, um das Gesetz von Gott in Empfang zu nehmen (vgl. 2. Mose 19,10ff.). Das war jetzt lange her; es war viel geschehen seitdem und das Volk war Gott längst untreu geworden. Jetzt wollte Gott etwas Neues tun und dazu musste das Volk sich ihm neu weihen.

Der Begriff »Heiligung« ist auch in den christlichen Sprachschatz eingegangen. Er hat eine doppelte Bedeutung: Gott heiligt den Gläubigen und der Gläubige heiligt sich selber. Durch unsere Erlösung sind wir durch Christus geheiligt, gleichsam für Gott reserviert; dadurch, dass ich Christ werde, werde ich automatisch ein »Heiliger« (deswegen kann Paulus seine Briefempfänger als »Heilige« anreden). Aber die Bibel fordert uns auch auf, uns selber zu heiligen (vgl. 1. Johannes 3,3), uns von dem Schmutz dieser Welt fern zu halten – ein Muss für ein Leben des Sieges.

Wir müssen bereit sein, unsere Sünden anzupacken, sie zu bekennen, sie zu lassen und uns von Gott von allem, was in unserem Leben nicht recht ist, reinigen zu lassen (1. Johannes 1,9). Ein Blick in Josua 7 zeigt uns, was für katastrophale Auswirkungen verborgene Sünde im Leben auch nur eines Gläubigen haben kann. Gott will, dass wir heilig und rein sind.

Rein in der Öffentlichkeit ...

Gott will, dass unsere Taten rein sind. Bei der Gesetzgebung am Sinai gehörte es zur Heiligung, dass die Israeliten ihre Kleider wuschen: »Und der HERR sprach zu Mose: Geh hin zum Volk und heilige sie heute und morgen, dass sie ihre Kleider waschen« (2. Mose 19,10). Die Kleider – also das, was jeder sehen konnte – hatten fleckenlos zu sein. Das Verhalten der Christen in der Welt sollte rein und über jeden Tadel erhaben sein.

... und im Privatleben

Gott will auch, dass unsere Gefühle rein sind. Bei den alten Israeliten geschah diese Reinigung symbolisch durch die zeitweilige sexuelle Enthaltsamkeit. »Und er sprach zu ihnen: Seid bereit für den dritten Tag und keiner rühre eine

Frau an« (2. Mose 19,15). Es ging um die totale Hingabe an Gott auch in den intimsten Bereichen des Lebens. Wenn wir Ernst machen mit Gott, geht dies nicht ohne Heiligung auch in unserem Privatleben. Ich möchte Ihnen vorschlagen, einmal den Psalm 139 durchzubeten, besonders die letzten beiden Verse: »Erforsche mich, Gott, und erkenne mein Herz; prüfe mich und erkenne, wie ich's meine. Und sieh, ob ich auf bösem Wege bin, und leite mich auf ewigem Wege« (Psalm 139,23–24).

An dieser Stelle sollten Sie vielleicht kurz eine Pause mit dem Lesen machen und eine Zwischenbilanz ziehen. Sind Sie es müde, in der Wüste zu leben? Sehnt Ihr Herz sich danach, Christus tiefer zu erfahren? Wollen Sie Christus in seiner ganzen Fülle kennen lernen, ist Ihnen das wichtiger als alles andere in der Welt? Sind Sie bereit, sich von Jesus, unserem Josua, in das Gelobte Land führen zu lassen? Ja? Dann heiligen Sie sich, machen Sie sich bereit; Gott möchte Wunder in Ihrem Leben tun.

4. Christus voran

Ein einziger Tag kann mein ganzes Leben verändern. Innerhalb von nur vierundzwanzig Stunden kann meine Welt mit all ihren Hoffnungen und Plänen zu Asche werden. Oder zu einem Blütengarten, wie ich ihn mir in meinen kühnsten Träumen nicht hätte vorstellen können. Schon oft wurde der Gang der Weltgeschichte durch die Ereignisse eines einzigen Tages verändert.

So auch damals bei den Israeliten. Innerhalb eines Tages sprangen sie aus vierzig Jahren des Versagens in die größte Ära ihrer Geschichte hinein. Eine Nation, die am Boden lag, sprang auf die Füße und marschierte als Sieger in ein neues Land.

Was war das Besondere an diesem Tag? Was war der Schlüssel zu diesem Triumph? Dies sind keine Fragen, die nur den Historiker etwas angehen würden. Wie gesagt, die Ereignisse dieses Tages wurden uns zum Beispiel und Vorbild aufgezeichnet. Gottes Methoden wie sein ganzes Wesen ändern sich nicht, und wenn wir den Schlüssel zu Israels Sieg entdecken, haben wir damit auch den zu unserem Sieg.

Die Ereignisse jenes Tages sind in Josua 3 aufgezeichnet. Wer sich dieses Kapitel genauer anschaut, der entdeckt, dass die Hauptfigur in dem Drama die Bundeslade war. Sie wird nicht weniger als zehnmal erwähnt.

Und [sie] geboten dem Volk: Wenn ihr die Lade des Bundes des HERRN, eures Gottes, seht und wie die Priester aus dem Stamm Levi sie tragen, so brecht auf von eurem Ort und folgt ihr nach ... Wenn dann die Fußsohlen der Priester, die die Lade des HERRN, des Herrschers über alle Welt, tragen, in dem Wasser des

Jordans stillstehen, so wird das Wasser des Jordans, das
von oben herabfließt, nicht weiterlaufen, sondern ste-
hen bleiben wie ein einziger Wall. ... Und die Priester,
die die Lade des Bundes des HERRN trugen, standen
still im Trockenen mitten im Jordan. Und ganz Israel
ging auf trockenem Boden hindurch, bis das ganze
Volk über den Jordan gekommen war. (Josua
3,3.13.17)

Kein Zweifel: Der Schlüssel zum Sieg der Israeliten war die
Bundeslade. Aber warum? Es gab die Bundeslade ja schon
längst. Nach dem Bundesschluss am Sinai hatten die Israeliten sie nach Gottes Anweisungen angefertigt und all die langen, bitteren Jahre ihrer Wüstenwanderung war sie unter ihnen gewesen – und sie hatten keinen Sieg gehabt.

Aber jetzt war etwas anders geworden. Wissen Sie, was?
Der *Platz* der Bundeslade. Bisher war sie in der Mitte der Israeliten gewesen, jetzt war sie an ihrer Spitze. Bisher war die
Bundeslade mit dem Volk gezogen, jetzt musste das Volk der
Lade folgen. Gott befahl ihm strikt, der Bundeslade zu folgen und sie nicht aus dem Blick zu verlieren. Als die Priester, die die Lade trugen, in den angeschwollenen Jordan tra-
ten, blieb das Wasser wie eine Wand stehen, und während die
Priester mit der Lade mitten im Flussbett standen, zog das
ganze Volk trockenen Fußes über den Fluss.

Die Bundeslade des Alten Testaments ist ein Bild unseres
Herrn Jesus Christus. Er ist die Bundeslade des Neuen Bundes und wir haben ihn seit dem Tag unserer Bekehrung.
Aber es genügt nicht, Christus ganz allgemein in seinem Leben zu *haben;* entscheidend ist, welchen *Platz* er dort einnimmt. Der Unterschied zwischen dem siegreichen und dem
besiegten Christen besteht nicht darin, was sie besitzen.
Gott ist nicht parteiisch; er gibt nicht dem einen wenig von
seinem Heiligen Geist und dem anderen mehr. In Christus

haben wir alle die Fülle (Kolosser 2,9). Nein, der Unterschied liegt in dem Platz, den er im Leben des Gläubigen hat. Nur dann, wenn Christus ganz unser Herr und Führer ist, können wir seine ganze Fülle erfahren. Es ist eines, die Herrschaft Christi in meinem Leben als Glaubensartikel zu akzeptieren; es ist etwas ganz anderes, in meiner Lebenspraxis damit Ernst zu machen. Ist Christus Ihr Herr? Regiert er über Ihre Handlungen, Einstellungen und Gefühle? Ist er der Herr in Ihrer Familie, in der Schule, im Büro? Hudson Taylor hatte Recht, als er bemerkte, dass Christus entweder ganz unser Herr sei oder gar nicht. Er ist in unserem Leben entweder Herr über alles oder Herr über nichts.

Auf einen Nenner gebracht: Der Schlüssel zu einem sieghaften Christenleben ist, dass wir Jesus Christus ganz unseren Herrn sein lassen.

Christus der Herr erschließt uns unser Erbe

Streng genommen war das Land Kanaan schon seit vielen Jahren das Eigentum der Israeliten, aber erst an dem Tag, als sie der Lade über den Jordan folgten, betraten sie das Land. Die Bundeslade war der Schlüssel zur Inbesitznahme ihres Eigentums, zur Inanspruchnahme ihres Segens.

Was ich jetzt sage, ist das Allerwichtigste in diesem ganzen Buch: Das sieghafte Christenleben ist nicht eine Formel oder ein Sieben-Schritte-Rezept, sondern eine Person, und diese Person ist Jesus Christus; er ist das sieghafte Leben. Als Christ triumphieren heißt nicht, einen bisher unbekannten Segen von Christus zu bekommen, sondern zu erkennen, dass wir in ihm schon alles haben. Jesus ist die Tür – die Tür zu überfließendem Leben (Johannes 10,9–10), und dieses überfließende Leben besteht darin, dass Jesus in dem Gläubigen wohnt und herrscht und zur Auswirkung kommt.

Einer meiner Lieblingsbibeltexte ist Kolosser 2,9–10: »Denn in ihm wohnt die ganze Fülle der Gottheit leibhaftig, und ihr seid in ihm zur Fülle gebracht« (Elberfelder). Was kann man noch mehr sagen? Mit Christus hat Gott uns *alles* gegeben, denn in ihm wohnt die ganze Fülle der Gottheit. Wenn wir zehn Millionen Jahre im Himmel gewesen sein werden, werden wir nicht mehr von Gott haben als schon jetzt; nur die Umstände werden anders sein.

Jesus *gibt* uns nicht Frieden, er ist unser Friede (Epheser 2,14); er *gibt* uns nicht Erkenntnis, er *ist* unsere Erkenntnis (Kolosser 2,3); er *gibt* uns nicht Weisheit, Gerechtigkeit, Heiligung und Erlösung, er selber *ist* all diese Dinge (1. Korinther 1,30). Wenn wir hungern, ist er das Brot des Lebens; wenn wir Durst haben, ist er die Quelle des lebendigen Wassers; wenn wir uns verirrt haben, ist er der Weg; wenn wir blind sind, ist er das Licht der Welt; wenn wir einsam sind, ist er der Freund, der uns näher ist als ein Bruder; wenn wir sterben, ist er die Auferstehung und das Leben. Er ist Weg und Ziel. Er ist die Tür und das, was hinter ihr liegt. Er ist die Quelle und das Wasser, das aus ihr fließt. Er ist die Ursache seiner eigenen Wirkung und die Wirkung seiner eigenen Ursache; er ist Mittel und Zweck. Er ist dem Gläubigen alles!

Meine Frau hat drei Kinder zur Welt gebracht. Ich glaube, das Erste, was jede Mutter macht, wenn sie zum ersten Mal ihr Baby in den Armen hält, ist, nachzusehen, ob »auch alles dran ist« (zehn Finger, zehn Zehen, zwei Ohren, ein Mund, Sie wissen schon). Nun, Gott, gab unseren drei Kindern alles mit, was sie zum Leben brauchen, aber sie wussten natürlich noch nicht, dass sie es hatten. Zum Beispiel Füße zum Laufen. Als sie in das Alter kamen, wo Kinder laufen lernen, fuhren wir sie nicht ins Krankenhaus, damit die Ärzte dort ihnen Beine anmontierten. Beine gehören zur Grundausstattung jedes Säuglings, auch wenn er sie bei der Geburt noch nicht zu nutzen weiß. Aber dann kam der Tag, an dem unsere Kleinen entdeckten, dass sie sich auf den beiden Dingern, die sie bisher hinter sich hergezogen hatten, aufrichten konnten und dass sie, wenn sie immer schön das eine vor das andere setzten, jeden Ort erreichen konnten, den Mutter ihnen verboten hatte. Es war der Anfang einer neuen Welt – für sie und für uns Eltern! »Groß werden«, das heißt, dass ich entdecke, was ich bei meiner Geburt mitbekommen habe, und lerne, es richtig zu benutzen.

Ganz ähnlich hat Gott mir bei meiner geistlichen Geburt alles gegeben, was ich für mein geistliches Leben brauche – Jesus Christus. Und geistlich wachsen heißt entdecken, was Gott mir bei meiner Erlösung geschenkt hat, und lernen, es recht zu benutzen. Wie bei dem Baby, das laufen lernt, öffnet sich für uns eine neue Welt, wenn wir entdecken, was wir in Christus haben, und anfangen, es zu leben.

Jesus der Herr führt uns neue Wege

Wenn ihr die Lade des Bundes des HERRN, eures Gottes, seht ..., so brecht auf von eurem Ort und folgt ihr nach; doch dass zwischen euch und ihr ein Abstand sei von ungefähr zweitausend Ellen! Ihr sollt ihr nicht zu nahe kommen. Aber ihr müsst ja wissen, auf welchem Wege ihr gehen sollt; denn ihr seid den Weg bisher noch nicht gegangen. (Josua 3,3–4)

Es ist seit jeher Gottes Art, seine Leute Wege zu führen, die sie noch nicht gegangen sind. Abraham rief er in ein fernes Land; er sagte ihm noch nicht einmal, in was für ein Land. Josef kam vom Hirtenstab in die Sklaverei und anschließend in den Königspalast einer Hochkultur. Paulus, ein hochgelehrter Jude, wurde zum Missionar unter den verachteten Heiden.

Josua wird mit einer gigantischen Aufgabe konfrontiert: als frisch gebackener Führer Israels das landlose Volk in ein unbekanntes Land zu bringen. Und als ob das noch nicht genug ist, muss er als Erstes einen Hochwasser führenden Fluss überschreiten. Wie soll das gehen? Gottes Anweisung ist einfach: »Schaut auf die Bundeslade!«

»Ihr seid den Weg bisher noch nicht gegangen.« Ich kenne keinen Satz, der das Abenteuer des Alltags besser beschreibt. Keiner von uns weiß, was der nächste Tag bringen wird. Jeder neue Tag ist ein unbekanntes Territorium; kein Mensch hat es bisher betreten. Manchmal will uns das Leben so erscheinen wie ein Nachtspaziergang ohne Taschenlampe durch eine Wiese, in der es von Schlangen wimmelt. Dies ist einer der Gründe für die Lebensangst so vieler Menschen.

Aber wir müssen ja gar nicht wissen, wohin der Weg geht und wie er aussieht; es reicht, wenn wir der Bundeslade folgen. Vor vielen Jahren hörte ich einen alten Prediger, der sagte: »Geh erst los, wenn du Jesus siehst.« Was genau das ist, was Gott Josua sagte.

Auf Jesus schauen – was heißt das? Es heißt erstens, von ihm abhängig sein. Wir können nicht, aber er kann. Die ganz große Lehre der Jordanüberschreitung der Israeliten ist, dass Gott größer ist als unsere Probleme.

Auf Jesus schauen heißt zweitens, dass wir uns auf ihn und nicht auf die Schwierigkeiten konzentrieren. Genau das will Gott erreichen. Wenn er uns unbekannte Wege führt, dann führt er uns eigentlich zu sich selber. Wenn er damals Abraham enthüllt hätte, wo das Land, das er ihm geben würde, liege, Abraham hätte die Landkarten studiert und selber entschieden, wann er angekommen sein würde. Aber da allein Gott das Ziel wusste, musste Abraham seinen Blick auf ihn heften. Wir möchten natürlich am liebsten die ganze Reiseroute im Voraus kennen, aber Gott möchte, dass wir lernen, ihm zu folgen. Vielleicht ist das der Grund dafür, warum Gott Sie zur Zeit über eine bestimmte Sache im Unklaren lässt: Er möchte Sie in eine tiefere, innigere Gemeinschaft mit ihm führen.

Dies bedeutet natürlich, dass unser Blick auf Gott durch nichts behindert sein darf. Gott befahl den Israeliten, der Bundeslade in einem Abstand von etwa 900 Metern zu folgen: *»Ihr müsst ja wissen, auf welchem Wege ihr gehen sollt.«* Mit anderen Worten: Die Lade musste jederzeit sichtbar sein; nichts durfte zwischen sie und das Volk kommen. Was wäre wohl passiert, wenn sich alle, mit den Ellbogen stoßend und schiebend, um sie gedrängt hätten? Sie wäre in der Menge verschwunden, sodass schließlich jeder nur noch seinem Vordermann gefolgt wäre, aber nicht mehr der Bundeslade. Ich kann mir lebhaft vorstellen, wie eine Gruppe von Israeliten verloren in der Wüste steht und sich gegenseitig Vorwürfe macht: »Ich bin dir die ganze Zeit gefolgt! Ich dachte, du folgst der Lade.« – »Nichts da, ich bin dem hier gefolgt; ich hab gedacht, der sieht das Ding.« – »Ich hab die Lade seit einer Woche nicht mehr gesehen. Aber der da, der hat doch ...«

So ähnlich geht es heute oft unter den Christen zu. Kein Wunder, dass so wenige von ihnen das Gelobte Land erreichen.

Jesus der Herr ist die Lösung unserer Probleme

Auf einer Jugendkonferenz hörte ich einmal ein Lied: »Christus ist die Brücke über das raue Meer.« Klingt schön, ist aber falsch. Viele Christen scheinen das sieghafte Leben als eine Art Schutzimpfung gegen Probleme zu verstehen. Weder das Leben Jesu noch das seiner Jünger stützen diese Vorstellung. Jesus ist keine Brücke, die uns elegant über die Wellen bringt, sondern ein Weg mitten durch sie hindurch.

Wir alle müssen durch den Jordan

Kein Einziger der Israeliten war von der Jordandurchquerung ausgenommen; jeder musste hindurch. Bestimmt haben viele gezittert, als sie an der grollenden Wasserwand entlanggingen. Wenn man mitten im Jordan ist, zählt nicht, dass ja schon so viele andere es sicher ans andere Ufer geschafft haben; man fühlt sich, als ob man der Erste und Einzige sei. Ich weiß das; ich habe das selber hinter mir.

Aber dort ist Jesus!

Gott sei gedankt: Dort im Jordan, wo die Wasserwand bedrohlich aufwächst, steht die Bundeslade. Wir können aufatmen. Die Lade werden die Wassermassen nicht unter sich begraben; solange sie hier ist, sind wir sicher. Ich glaube, wir erleben Jesus so richtig hautnah erst dann, wenn wir ihm mitten in unseren Problemen begegnen. Und das bereitet uns auf die nächsten Kämpfe vor, denn wenn er mit diesen Wassermassen fertig wird, dann bestimmt auch mit einem Land voller gefährlicher Riesen.

Eine Kindergottesdiensthelferin fragte einmal die kleinen Mädchen in ihrer Gruppe, ob eines von ihnen den 23. Psalm aufsagen könne. Ein Mädchen hob schüchtern die Hand, stand auf und sagte: »Der Herr ist mein Hirte, mir ist nicht bange.«

Etwas kurz, aber völlig korrekt. Wenn der große Hirte mein Herr ist, ist mir nicht mehr bange. Er ist alles, was ich brauche. Das ist das christliche Siegerleben.

5. Worauf wir uns verlassen können

Viele Christen sind wie jener Mann, der nach Hause kommt und feststellt, dass sein halbes Haus unter Wasser steht, weil er vergessen hat, den Wasserhahn der Badewanne zuzudrehen. Er holt hastig Schrubber und Aufnehmer aus dem Besenschrank und beginnt, das Wasser aufzuwischen – aber den Wasserhahn lässt er offen! Nach fünf Minuten sieht er ein, dass er einen größeren Schrubber braucht, aber auch das bringt nichts. Aber er will doch in einem trockenen Haus leben! Also bucht er ein Seminar über Aufwischtechniken für Fortgeschrittene, bekommt ein schönes Diplom mit Goldsiegel und watet zurück in den Kampf, doch immer noch sprudelt das Wasser schneller aus dem Hahn, als er es aufwischen kann. Er engagiert einen Berufsaufwischer für eine Woche Intensivwischen. Der Profi schafft fünfhundert Liter aus seinem Haus, aber sechshundert sind nachgeflossen. Unser armer Hausbesitzer gelobt feierlich, ein besserer Aufwischer zu werden und nie mehr den Badewannenhahn offen zu lassen, und nimmt wieder den Schrubber zur Hand. Der Hahn läuft immer noch.

Müde und vom Wasser umzingelt, kommt er endlich zu dem Schluss, dass es wohl nicht Gottes Wille sei, dass er in einem trockenen Haus wohne, und kauft sich ein Paar Gummischuhe, eine Taucherbrille und ein Wasserbett und findet sich damit ab, den Rest seines Lebens in einem überschwemmten Haus zu wohnen.

Nichts gegen das Aufwischen, aber solange der Wasserhahn noch läuft, ist es Zeitvergeudung. Die Lösung, sie ist lächerlich einfach: das Wasserproblem an der Quelle packen und den Hahn zudrehen.

Das Wasser auf dem Fußboden sind unsere täglichen Sünden. Der offene Hahn ist unsere sündige Natur, unser altes Ich, das all diese Sünden hervorbringt. Dieses Ich – alte Bibelübersetzungen nennen es oft das »Fleisch« – bringt schneller Sünden hervor, als wir sie »aufwischen« können. Das Geheimnis des Sieges über die Sünde ist der Sieg über mein altes Ich. Statt ständig unsere Sünden aufzuwischen, sollten wir lieber unser Ich abtöten.

Viele, viele Christen haben das Handtuch (oder besser: den Aufnehmer) geworfen und sich damit abgefunden, dass ihr Lebenshaus eben nie trocken werden wird. Aber Gott hat uns einen Weg zum täglichen Sieg in unserem Leben eröffnet. Dieser Sieg ist das Geburtsrecht jedes Christen; geben Sie sich nicht mit weniger zufrieden.

Was ist Gottes Weg zum Sieg? Nicht der Weg, den wir uns meist vorstellen. Wir Menschen versuchen es mit Aufwischen – mehr Bibelwissen, mehr Hingabe, mehr Disziplin. Doch das ist nicht Gottes Weg. Gott hat nur eine Methode, Sünde anzupacken, und das ist der Tod.

Israel steht am Ufer des Jordans, der letzten Barriere vor dem Gelobten Land. Vierzig Jahre zuvor war die Generation der Eltern aus Ägypten entronnen, indem sie das Schilfmeer durchquert hatte. Jetzt muss die neue Generation in das Land Kanaan einziehen, indem sie den Jordan überquert. Die Teilung des Schilfmeers war der *Weg heraus* aus der Sklaverei in Ägypten; die Teilung des Jordans ist der *Weg hinein* in den von Gott verheißenen Segen. Bei dem ersten Durchzug durchs Wasser wurde das Volk aus etwas *herausgerettet;* beim zweiten Durchzug wird es in etwas *hineingerettet.* Die Jahre der Niederlage in der Wüste sind zu Ende; Israel schickt sich an, die ganze Fülle des Segens in Besitz zu nehmen, an die Gott dachte, als er es aus Ägypten führte.

Was bedeutet die Jordanüberschreitung für unser geistliches Leben heute? Sie markiert das Ende der Herrschaft des alten Ichs und den Beginn des Lebens in Christus. Das

Schilfmeer war ein Gericht über die Sünde; der Jordan ist ein Gericht über das alte Ich. In der Sprache des Neuen Testaments ausgedrückt, bedeutet die Jordandurchquerung dieses: »Ich lebe, doch nun nicht ich, sondern Christus lebt in mir. Denn was ich jetzt lebe im Fleisch, das lebe ich im Glauben an den Sohn Gottes, der mich geliebt hat und sich selbst für mich dahingegeben« (Galater 2,20). Hebräer 4 drückt es so aus: Wir müssen unsere eigenen Werke, das Sich-Abstrampeln unseres alten Ichs fahren lassen und zu Gottes Ruhe finden.

Wie lang hab ich mühvoll gerungen,
geseufzt unter Sünde und Schmerz!
Doch als ich mich Ihm überlassen,
da strömte Sein Fried in mein Herz.

In einem gewissen Sinne war die Durchquerung des Jordans schwieriger als der Durchzug durchs Schilfmeer. Es ist immer einfacher, einen Sünder aus Ägypten herauszuholen, als einen Christen nach Kanaan hineinzuführen. Evangelisation ist einfacher als Erbauung, Erlösung einfacher als Heiligung. Es ist eine Sache, ein Kind zur Welt zu bringen, aber eine ganz andere, es in dieser Welt aufzuziehen. Die Mühen der Schwangerschaft und Geburt sind nichts gegen die der Erziehung. Paulus spielt darauf an, als er den Galatern zuruft: »Meine lieben Kinder, die ich abermals unter Wehen gebäre, bis Christus in euch Gestalt gewinne!« (Galater 4,19)

Ich erinnere mich noch gut an die Geburt unseres ersten Kindes. Die Schwangerschaft war schwierig gewesen, aber das war nichts, verglichen mit den den ganzen Tag dauernden Wehen und der komplizierten Entbindung. Nie im Leben habe ich mich hilfloser, frustrierter und nervöser gefühlt. *Wehen* – genau das richtige Wort, um zu beschreiben, was eine Mutter bei der Geburt durchmacht. Aber die Geburtswehen sind noch lange nicht alles. Sie mögen einen Tag dauern; die Mühen der Erziehung dauern ein Leben lang.

Zu mir kam einmal ein sechzigjähriger Vater, dessen Sohn ihm das Herz zu brechen drohte. Sein Sohn war 39 und hatte längst eine eigene Familie, aber er machte seinem alten Vater immer noch viel Sorgen. Ich weiß noch, wie ich denken musste: »Gott, können wir Eltern uns denn nie zur Ruhe setzen?« Man sollte meinen, dass man, wenn die Kinder erwachsen sind und auf eigenen Beinen stehen, keine Sorgen mehr mit ihnen habe. Aber solange sie unsere Kinder sind (und das bleiben sie), hört die Arbeit und Mühe nicht auf.

Ganz ähnlich also ist Kanaan eine viel schwierigere Nuss als der Auszug aus Ägypten. Nicht, dass das unbedingt so sein müsste, aber wir Christen sind störrische Wesen. Wir wollen Kanaan ohne den Jordan. Aber jedes Kanaan hat seinen Jordan, und es ist nicht möglich, die Fülle Jesu zu erleben, wenn wir nicht zuerst unser Kreuz auf uns nehmen und Nein zu unserem Ich sagen. Nur in dem Maße, wie wir unserem Ich sterben, können wir für Christus leben.

> *Mancher wollte Gottes Gaben,*
> *die im Herzen Jesu sind,*
> *doch auch herzlich gerne haben,*
> *um zu heißen Gottes Kind;*
> *aber sterben allem ab,*
> *fliehet er bis in sein Grab.*

Absterben – genau das müssen wir tun, denn Gottes Methode ist seit jeher der Tod. Im ersten Kapitel der Menschheitsgeschichte antwortete Gott auf die Sünde mit dem Tod, als er Adam und Eva in das Fell eines Tieres kleidete. Als die Israeliten gegen Mose meuterten, schickte Gott ihnen feurige Schlangen. In Kapitel 10, Vers 11, des 1. Korintherbriefes führt Paulus aus, wie Gott auf die Sünden seines Volkes immer wieder mit dem Tod antwortete, und resümiert: »Das aber geschah an ihnen, damit es uns als Beispiel dient; uns zur Warnung wurde es aufgeschrieben, uns, die das Ende der Zeiten erreicht hat« (Einheitsübersetzung).

Auch als Israel dann in Kanaan war, änderte Gottes Methode sich nicht. Als das Volk wegen der Sünde Achans vor Ai eine schmähliche Niederlage erlitt, wurden Achan und seine ganze Familie gesteinigt (Josua 7).

Wie war das noch mit den feurigen Schlangen? Was sagte Gott Mose, als dieser ihn um Gnade für das Volk bat? Er befahl ihm, eine Schlange aus Bronze anfertigen zu lassen, sie an einer hohen Stange zu befestigen und diese in der Mitte des Volkes aufzustellen (4. Mose 21). Jeder, der im Glauben auf diese »eherne [bronzene] Schlange« blickte, wurde gerettet. Man beachte, dass Gott keine Anweisungen zur Behandlung der tödlichen Schlangenbisse gab. Er handelte direkt über die eherne Schlange.

Gehen wir hier gleich weiter zu Johannes 3,14: »Und wie Mose in der Wüste die Schlange erhöht hat, so muss der Menschensohn erhöht werden.« Jesus vergleicht seine eigene Kreuzigung mit der ehernen Schlange in der Wüste! Dies zeigt uns zwei Dinge: Erstens: Die eherne Schlange in der Wüste war eine Vorausdeutung auf das Kreuz. Und zweitens: Jesu Tod war der Tod einer Schlange.

Die Schlange in der Wüste war aus Kupfer bzw. Bronze, einem Symbol des Gerichtes. Woran starben die Israeliten damals? Am Biss der Schlangen. Und sie konnten nur gerettet werden, wenn sie glaubten, dass eben das, was sie da tötete, von Gott gerichtet und verurteilt worden sei. Gott entschuldigte diese Schlangen nicht, er vergab ihnen nicht, er zog ihnen nicht lediglich die Giftzähne; er zertrat ihnen mit seinem Gericht den Kopf.

Was ist es, das die Schlangenbisse der Wut und der Lust und der Gier in Ihrem Leben verursacht? Es ist die Schlange Ihres *Ichs*. Und das ist der Grund, warum Jesus seine Kreuzigung mit der ehernen Schlange verglich. Als Jesus am Kreuz starb, starb mit ihm noch jemand anderes: die Schlange unseres alten Ichs, der sündige Mensch.

Das Kreuz ist die einzige Möglichkeit, Gemeinschaft zwischen Gott und den Menschen herzustellen. Und wenn wir die perfekten Heiligen würden, wir blieben Sünder, und mit Sündern kann Gott keine Gemeinschaft haben. Unser Problem ist nicht so sehr, was wir alles *getan* haben, sondern was wir *sind*. Wir sind Erben des Sündenfalls und diese sündige Natur lässt sich nicht verändern, sie ist immun gegen jegliche Heilungsversuche.

Es ist unerlässlich, dass wir dies begreifen: Erlösung bedeutet nicht, dass Gott unser altes Wesen verändert, bekehrt oder heilt – es ist unheilbar. Die sündige Natur des Menschen ändert sich nie. Gott kann ihr nur auf eine Art zu Leibe rücken: Er muss sie töten. Erst dann kann er Gemeinschaft mit uns haben.

Das Kreuz rettet den Sünder, weil das Kreuz den Sünder tötet. Das Kreuz Christi nimmt nicht nur die Sünden des Sünders weg, es nimmt den Sünder selber weg. Lediglich die Sünden wegzunehmen würde die Quelle der Sünden unangetastet lassen; das Kreuz wäre dann nicht mehr als jener Schrubber des Mannes mit dem unter Wasser stehenden Haus. Auf Golgatha ist viel mehr geschehen als ein bisschen »Aufwischen«. Noch einmal: Dort am Kreuz starb nicht nur Jesus, dort starb *ich*. Golgatha tötet beide: die Sünde und den Sünder.

»Wir wissen ja, dass unser alter Mensch mit ihm gekreuzigt ist ...« (Römer 6,6).

»Sind wir aber mit Christus gestorben ...« (Römer 6,8).

»Ich bin mit Christus gekreuzigt« (Galater 2,19).

»Die aber Christus Jesus angehören, die haben ihr Fleisch gekreuzigt samt den Leidenschaften und Begierden« (Galater 5,24).

»Wenn ihr nun mit Christus ... gestorben seid ...« (Kolosser 2,20).

»Denn ihr seid gestorben ...« (Kolosser 3,3).

Dieses Grundprinzip des Lebens durch Tod drückt Jesus in Johannes 12,24 so aus: »Wahrlich, wahrlich, ich sage euch: Wenn das Weizenkorn nicht in die Erde fällt und erstirbt, bleibt es allein; wenn es aber erstirbt, bringt es viel Frucht.«
Der Tod ist eine Vorbedingung jeder Nachfolge Jesu: »Wer mir folgen will, der verleugne sich selbst und nehme sein Kreuz auf sich täglich und folge mir nach« (Lukas 9,23).
Wir verstehen diesen Vers für gewöhnlich so, dass der, der Jesus dienen will, sich sein Kreuz auf die Schultern lädt und losmarschiert. *Aber das Kreuz ist nicht zum Tragen da; es ist zum Gekreuzigtwerden da.*
Jesus trug kein Kreuz auf den Schultern, als er die Bergpredigt hielt. Auch nicht, als er Lazarus auferweckte oder die zehn Aussätzigen heilte. Wann nahm Jesus sein Kreuz auf sich? Erst als er bereit war zu sterben.
Und uns sagt er also: »Wenn du mir folgen willst, dann nimm dein Kreuz auf dich und komm mit.«
Gehorsam wuchten wir das Kreuz auf unsere Schultern. »Wo gehen wir hin, Meister? In den Park, um zu evangelisieren? Ins Krankenhaus, um zu heilen? Auf den Friedhof, um Tote aufzuerwecken?«
»Nein«, erwidert er. »Nichts von alledem. Wir gehen auf einen Hügel vor der Stadt, um dort an dem Kreuz, das du trägst, zu sterben.«
»Meister, ich trage es gerne in den Park oder auf den

Friedhof oder von mir aus bis ans Meer, aber sterben, das bitte nicht!«

»Ein Kreuz ist nur für eines gut«, antwortet unser Herr. »Um sich daran kreuzigen zu lassen. Wenn du mir folgen willst, musst du mir nach Golgatha folgen, denn dort gehe ich hin.«

Wie wir noch sehen werden, bedeutet Jesus nachfolgen, dass wir uns *täglich* mit seinem Tod identifizieren.

Noch ein Vers: »Und ich, wenn ich erhöht werde von der Erde, so will ich alle zu mir ziehen« (Johannes 12,32). Jesus meint hier keine Predigten oder Massenevangelisationen, sondern schlicht, dass er alle Menschen mit in seinen Tod ziehen will. Er ruft sie nicht dazu auf, vor dem Kreuz niederzuknien, sondern auf es zu steigen und dort zusammen mit ihm zu sterben.

Fassen wir das bis jetzt Gesagte unter zwei »Überschriften« zusammen. Hier die erste:

1. Unser Tod in Christus geschah am Kreuz und macht uns frei von der Strafe für unsere Sünde.

Stellen wir zunächst den Todeszeitpunkt fest. Einmal kam nach einem Gottesdienst ein Mann zu mir und sagte: »Sie müssen mir helfen. Ich habe versucht, mein Ich sterben zu lassen, aber ich schaffe das einfach nicht. Ich habe den Herrn gebeten, mich zu kreuzigen, aber es passiert nichts. Wie macht man das bloß – sterben?«

»Gar nicht«, erwiderte ich.

»Wie bitte? Jetzt verstehe ich gar nichts mehr.«

Ich sagte: »Ihr Problem ist, dass Sie versuchen, etwas zu tun, was längst erledigt ist. Sie sind schon tot. Sie sind vor zweitausend Jahren mit Christus am Kreuz gestorben. Einen Toten kann man nicht noch einmal töten. Sie müssen lediglich akzeptieren, dass Sie tot sind.«

In Römer 6,6 beschreibt Paulus den Zeitpunkt unseres Todes so: » Wir wissen ja, dass unser alter Mensch mit ihm gekreuzigt ist.« Im Griechischen steht das Wort für »gekreuzigt« hier im Aorist, einer grammatischen Zeitform, die einen Vorgang beschreibt, der ein für alle Mal geschehen, also »fertig« ist. Unsere Kreuzigung ist eine vollendete Tatsache; wir sind damals zusammen mit Christus gestorben. Das kleine Wort *mit* ist hier der Schlüssel. Wenn wir *mit Christus* gestorben sind, dann sind wir zur gleichen Zeit gestorben wie er. Wann starb Christus? Vor fast zweitausend Jahren.

Für Gott ist jeder Mensch entweder in Adam oder in Christus. Wenn wir in Adam sind, sind wir tot *in* der Sünde. Wenn wir in Christus sind, sind wir tot *für* die Sünde. Wenn wir wirklich an Christus glauben, dann betrachtet Gott uns in diesem Augenblick als Menschen, die mit Christus gestorben, begraben und wieder auferstanden sind.

Keine Angeklagten mehr

Es ist diese Tatsache, die uns vor der Strafe für unsere Sünde bewahrt. Ein Toter kann nicht mehr vor Gericht gestellt werden. Stellen Sie sich vor, Sie hören plötzlich draußen Polizeisirenen. Sie rennen auf die Straße, um zu sehen, was los ist. Aha, der Gemüseladen an der Ecke ist überfallen worden. Sie drängen sich durch die rasch wachsende Menge der Neugierigen und fragen den Polizisten, der den Einsatz leitet: »Wissen Sie schon, wer die Täter sind?«

»Jawohl«, antwortet der Polizist. »Es deutet einiges darauf hin, dass der Räuber George Washington war.«

»Wie bitte?«

»Jawohl.«

»Der berühmte erste Präsident der Vereinigten Staaten?«

»So ist es. Wir haben Beweise.«

»Aber das kann doch gar nicht sein, der ist doch seit 1799 tot!«

Haben Sie sich schon einmal klargemacht, dass Sie in Christus starben, bevor Sie auch nur eine einzige Sünde tun konnten? Wenn der Teufel, der alte Verkläger, vor Gott tritt, um ihm meine Sünden aufzuzählen, schaut Gott einfach in meine Akte und sagt: »Das kann er gar nicht gewesen sein, der ist vor zweitausend Jahren gestorben.«

Keine Sklaven mehr

Weil wir in Christus gestorben sind, kann Paulus in Römer 6,14 weiter sagen: »Denn die Sünde wird nicht herrschen können über euch, weil ihr ja nicht unter dem Gesetz seid, sondern unter der Gnade.« Der Tod ist das Ende menschlicher Beziehungen. Da ist ein Sklave, der unter der absoluten Herrschaft seines Herrn lebt. Sein Herr bestimmt, wann er ins Bett zu gehen und aufzustehen hat, wann und was er isst, ob und wann und wen er heiratet. Er muss gehorchen, er hat keine Wahl. Aber eines Tages stirbt der Sklave und jetzt kann sein Herr schreien, so viel er will, der Sklave wird nicht reagieren; der Tod hat ihn aus dem Sklavenverhältnis befreit.

Der Christ ist frei. Nicht frei zu sündigen, sondern frei, nicht zu sündigen. Seine Berührungsfläche mit der Sünde, sein altes Ich, ist ans Kreuz genagelt worden, die Tür ist verbarrikadiert, die Hafeneinfahrt zu.

»Aber«, wenden Sie ein, »wenn das alles wahr ist, warum lebe ich dann, als wäre ich nie gestorben? Die Sünde beherrscht mich doch immer noch!«

Dies bringt uns zum nächsten Punkt, der äußerst wichtig ist. Unser Christenleben beginnt sozusagen im Himmel und kommt dann auf die Erde. Erst müssen wir die Wahrheit formulieren und verstehen und dann müssen wir sie praktisch anwenden. Jede Lehre der Bibel muss gleichsam Schuhe für die Bühne des Alltags angepasst bekommen.

Dies wird in Kolosser 3 illustriert, wo Paulus uns in Vers 3 eröffnet, dass wir »gestorben« sind, um uns dann zwei Verse weiter aufzufordern: »So tötet nun die Glieder ...« Klingt Ihnen das wie ein Widerspruch? Die Lösung liegt in dem Prinzip der Aneignung. In Vers 3 stellt Paulus eine theologische Tatsache fest, die Perspektive des Himmels: Wir sind schon tot. In Vers 5 fordert er uns sodann auf, dementsprechend zu leben. Unser Tod in Christus ist absolut, aber wir müssen ihn uns zu Eigen machen. Wir dürfen ihn nicht nur als Tatsache zur Kenntnis nehmen, sondern müssen ihn im Glauben annehmen. Was uns zu unserer zweiten »Überschrift« bringt:

2. Indem wir uns unseren Tod in Christus im Glauben bewusst zu Eigen machen, werden wir frei von der Macht der Sünde.

In den ersten zehn Versen von Römer 6 hat Paulus die Wahrheit unseres Todes in Christus dargestellt. Jetzt, in Vers 11, schlägt er die Brücke zur praktischen Anwendung dieser Wahrheit: Wie bringen wir es fertig, diese theologische Tatsache eine Realität in unserem Alltag werden zu lassen? Wie holen wir sie gleichsam vom Himmel auf die Erde?

»So auch ihr, *haltet dafür,* dass ihr der Sünde gestorben seid und lebt Gott in Christus Jesus.«

Das Schlüsselwort ist »haltet dafür«. Das hiermit übersetzte griechische Wort ist ein Buchhaltungsausdruck, der wörtlich »berücksichtigen« oder »betrachten als« bedeutet. Buchhaltung basiert auf Fakten, nicht auf Märchen oder Gefühlen. Tatsache ist: Sie sind gestorben. Jetzt rechnen Sie damit. Lassen Sie es mich nochmals betonen: Unser Tod in Christus ist eine Tatsache. Viele Christen haben an diesem Punkt große Schwierigkeiten, weil sie annehmen, sie müssten ihren Tod in Christus »herbeiglauben«, und wenn sie nicht genug glaubten, seien sie nicht tot. Lieber Mitchrist, du *bist* tot, ob dir das so vorkommt oder nicht. Die Bibel verlangt nicht, dass du deine Augen vor den Tatsachen verschließt und so tust, als ob. Du bist tot – Punkt.

»Aber ich weiß nicht, wie man das macht – sich für tot halten«, wendet vielleicht jemand ein. Sie wissen das sehr gut, Sie wissen nur nicht, dass Sie es wissen. Sie haben das bereits gemacht, als Sie Christ wurden. Eines Tages lasen Sie in der Bibel, dass Jesus für unsere Sünden starb, und glaubten dies. Aber wo waren Sie denn, als Jesus gekreuzigt wurde? Waren Sie ein Augenzeuge? Natürlich nicht; Sie glaubten es einfach. Sie gingen davon aus, zählten darauf, glaubten die Tatsache und wurden erlöst.

Und die gleiche Bibel, die Ihnen sagt, dass Jesus für Sie starb, obwohl Sie damals nicht dabei waren, sagt auch, dass Sie zusammen mit ihm gestorben sind. Halten Sie das für wahr, zählen Sie darauf, glauben Sie es als Tatsache.

Sie mussten sich Christi Tod im Glauben zu Eigen machen, um von Ihren Sünden erlöst zu werden, und Sie müssen sich Ihren eigenen Tod zu Eigen machen, um von Ihrem Ich frei zu werden. Sie sind seit zweitausend Jahren tot und es ist höchste Zeit, dass Sie sich begraben lassen!

Negativ und positiv

Römer 6,11 spricht von einem zweifachen Dafür-Halten, einem negativen und einem positiven. »So auch ihr, *haltet dafür,* dass ihr der Sünde gestorben seid ...« Das ist die negative Hälfte. »... und lebt Gott in Christus Jesus.« Das ist die positive.

Nehmen wir das negative Dafür-Halten zuerst. Lukas 9,23 verrät uns, wie man das macht: »Wer mir folgen will, der verleugne sich selbst und nehme sein Kreuz auf sich täglich und folge mir nach.«

Als Erstes: *Wir müssen uns bewusst gegen unser Ich ent-*

scheiden. Die englische Williams-Bibelübersetzung gibt das »der verleugne sich selbst« in Lukas 9,23 sehr treffend so wieder: »... der muss Nein zu sich selber sagen.« Unser Ich bestürmt uns ja ständig, nur ja an *uns* zu denken, auf *unser* Recht zu pochen, das Leben zu leben, das *wir* wollen. Mein Ich will im Leben vor allem dieses: seinen Dickschädel durchsetzen. Und der erste Schritt zur Praktizierung des Sieges von Golgatha besteht darin, den ständigen Forderungen des Ichs die Tür zu weisen und zu sagen: »Nicht ich, sondern Christus.«

Die grammatische Zeitform des in Römer 6,11 mit »haltet dafür« übersetzten griechischen Wortes meint eine Art ständige Gegenwart, d. h. einen kontinuierlichen Prozess, eine Lebensgewohnheit. Es kann sein, dass wir tausendmal am Tag unserem Ich Nein sagen müssen. Die Devise »Nicht ich, sondern Christus«, muss für alle Lebenslagen gelten.

Zweitens: *Wir müssen unseren Tod akzeptieren.* »... und nehme sein Kreuz auf sich täglich.« Wir müssen in einem bewussten Willensakt unseren Platz am Kreuz Christi einnehmen. Das Problem ist ja, dass wir zwar tot sind, aber nicht begraben werden wollen; immer wieder schieben wir unsere Beerdigung auf. Ein nicht beerdigter Leichnam ist ein Problem und die meisten Probleme in unseren Familien und Gemeinden kommen durch Tote, die noch nicht beerdigt sind.

Dieses Sterbenlassen unseres Ichs, unserer Pläne, unserer Wünsche, unseres Willens muss jeden Tag neu geschehen. Ein Freund von mir tat Folgendes: Er malte mit einem Stück Kreide den Umriss eines Sarges auf den Schlafzimmerfußboden. »Dann«, sagte er mir, »nahm ich meine Kirche, meinen Dienst, meine Pläne und Ambitionen, meine Familie – alles – und legte sie in diesen Sarg. Und dann legte ich mich selber in den Sarg und sagte dem Herrn Jesus, dass ich meinen Tod mit ihm akzeptierte. Ich hielt mich für tot für mein

Ich und lebendig für ihn.« Natürlich müssen Sie es nicht genauso machen, aber diesem Bruder hat es sehr geholfen.

Aber das negative Dafür-Halten ist noch nicht alles. Wir müssen auch das positive Dafür-Halten einüben. Wir haben uns nicht nur für tot für die Sünde zu halten, sondern auch für lebendig für Gott.

Dies bedeutet, dass unser Leib allein dazu da ist, Gott zu verherrlichen. Er wird zum Kanal, durch den der Wille Gottes fließt. In Römer 6,13 schreibt Paulus: »Auch gebt nicht der Sünde eure Glieder hin als Waffen der Ungerechtigkeit, sondern gebt euch selbst Gott hin als solche, die tot waren und nun lebendig sind, und eure Glieder Gott als Waffen der Gerechtigkeit.«

In 1. Korinther 6,19–20 wird es so ausgedrückt: »Ihr gehört nicht euch selbst; denn um einen teuren Preis seid ihr erkauft worden. Verherrlicht also Gott in eurem Leib!« (Einheitsübersetzung)

Was heißt das? Es heißt, dass wir für den Rest unseres Lebens Gottes Willen wählen. Unser Leib soll gleichsam ein Schaufenster Gottes werden.

Es bedeutet auch, dass wir bewusst darauf zählen, dass Christus in uns lebt. In Kolosser 3,3–4 sagt Paulus, dass wir tot sind und dass Christus unser Leben ist. Dies ist ein Paradox: Wir sind tot, aber wir leben. Doch dieses Leben in uns ist nicht unser eigenes (das ja gestorben und begraben ist); es ist das Leben Christi, der durch den Heiligen Geist in uns wohnt.

Hören wir noch einmal Galater 2,19–20: »Ich bin mit Christus gekreuzigt. Ich lebe, doch nun nicht ich, sondern Christus lebt in mir.« Wenn Sie an die Herzenstür des Paulus klopfen und fragen würden: »Wer wohnt hier?«, würden Sie zur Antwort bekommen: »Jesus Christus.« Und das Gleiche gilt für jeden Christen. Wenn der Teufel an Ihre Tür klopft, dann lassen Sie nicht Ihr altes Ich an die Tür gehen (das ist ja tot), sondern Jesus, und der Böse wird das Feld räumen.

Stephen Olford sagte einmal, dass ihm im Stress des Alltags der folgende Merksatz sehr geholfen habe: »Es werden keine Anforderungen an mein Leben gestellt, die nicht Anforderungen an das Leben Christi in mir sind.«

Und das stimmt. Alles, was uns heute an Prüfungen oder Versuchungen begegnet, begegnet eigentlich nicht uns, sondern Christus, der in unseren Herzen wohnt.

Lassen Sie mich dies mit einem Bild illustrieren. Die Erdatmosphäre übt auf jeden von uns einen ganz bestimmten Druck aus. Wenn man diesen Druck ausrechnen würde, würde man feststellen, dass ganze Tonnen auf uns lasten. Warum werden wir nicht davon zermalmt? Weil in unserem Körper ein Gegendruck herrscht, der den Druck von außen neutralisiert.

Ganz ähnlich ist es in unserem Christenleben: Egal, wie viel Druck die Welt, das Fleisch und der Teufel auf uns ausüben, wir haben sie überwunden, weil der Überwinder in uns lebt. Sein Leben in uns reicht mehr als aus, um den Druck von außen auszugleichen. »Der in euch ist, ist größer als der, der in der Welt ist« (1. Johannes 4,4).

6. Gottes Kraft erleben

Es sollte ein Traumweihnachten werden. Ich konnte es kaum erwarten, bis unsere Kinder all die tollen Geschenke unter dem Christbaum sehen würden: Spiele mit Lämpchen und Summern, Spielzeugpanzer, die kleine Plastikraketen abfeuerten, eine richtige Autorennbahn. Aber als sie dann ganz aufgeregt ihre Pakete öffneten, sah ich ihn, den ominösen Hinweis auf den Schachteln: »Ohne Batterien.« Batterien? Daran hatte ich nicht gedacht. Ja, es wurde ein unvergessliches Fest – Autos, die sich nicht bewegten, Spiele, die nicht funktionierten, und immer wieder das frustrierte »Papa, warum geht das nicht?« der Kleinen.

Viele Christen kennen Ähnliches aus ihrem geistlichen Leben. Immer wieder haben sie alles – bis auf die Kraft. Und man kann genauso gut ohne Wasser schwimmen wie ohne Gottes Kraft sein Christenleben führen wollen. Wenn der biblische Bericht über den Einzug in das Verheißene Land uns etwas lehrt, dann dies, dass ohne Gottes Kraft kein Sieg möglich ist. Zu wissen, wie man die göttliche Steckdose richtig anzapft, ist ein absolutes Muss.

Gottes Kraft fließt immer. Wenn es manchmal anders scheint, dann deswegen, weil wir aus dem Kraftstrom herausgetreten sind. In diesem und dem folgenden Kapitel wollen wir uns die Kanäle ansehen, durch die die Kraft Gottes fließt.

Gottes Kraft fließt durch den Kanal seines Willens

Gott setzt seine Kraft ein, um seine Ziele zu erreichen. Er benutzt sie nicht, um unsere Gelüste zu befriedigen oder uns aus einer Klemme herauszuhelfen, in die er uns nicht hineingeführt hat. Gott ist kein himmlischer Fernsehstar, der seinen Fans jede Woche ihr Wunderprogramm liefert. Als ich vielleicht zehn Jahre alt war, sah ich den berühmten Jesusfilm *König der Könige* von Cecil B. De Mille. Als die Szene kam, wo Jesus vor König Herodes steht, hielt es mich fast nicht auf meinem Kinosessel. Herodes bat Jesus, doch bitte ein Wunder zu tun, und Jesus antwortete dem alten Sünder noch nicht einmal. Ich musste an mich halten, um nicht aufzuspringen und zu rufen: »Tu es, Jesus! Tu ein Wunder! Zeig denen, wer du bist!« Aber er tat es nicht. Es gehörte nicht zu seinem Plan.

Wir Menschen neigen dazu, Gott als einen dienstbaren Geist zu sehen, der dann, wenn wir unsere Gebetslampen reiben, prompt erscheint und uns nach unseren Wünschen fragt. Aber Gott ist nicht unser Diener; er ist der Herr des Lebens, der seine eigenen Pläne hat. Er ist nicht dazu da, uns bei unseren Plänen zu helfen, so schön und edel diese uns auch erscheinen mögen. Aber wenn wir ihn nur lassen, nimmt er uns mit hinein in den großen Strom seines Willens. Dann werden wir seine Kraft erfahren. Gott hat einen Plan für jedes Menschenleben und in diesen Plan müssen wir uns einordnen. Schauen wir uns drei Merkmale von Gottes Plan für unser Leben an.

Gottes Plan besteht von Ewigkeit. So, wie Gott schon Jahrhunderte zuvor den Einzug Israels nach Kanaan geplant hatte, hat er auch von Ewigkeit einen Plan für Ihr Leben. Wir sind sein »Werk«, durch Jesus Christus dazu geschaffen, die guten Werke zu tun, die er von jeher für uns geplant hat (Epheser 2,10). Was für eine gewaltige Perspektive: Schon bevor ich geboren war, ja bevor die Welt erschaffen war, hat Gott einen maßgeschneiderten Plan für mein Leben entworfen. Wahrer Erfolg im Leben kommt dadurch, dass ich erkenne, was Gott mit mir vorhat, und dies dann tue.

Paulus war fasziniert von der Erkenntnis, dass Gott ihn erwählt hatte, noch bevor er geboren war. Vor Damaskus begegnete er dem lebendigen Christus und nach und nach öffnete sich ihm Gottes Plan für sein Leben und er nahm diesen Plan an. Auch der Prophet Jeremia wusste um einen ewigen Plan Gottes. Bei seiner Berufung war er zunächst skeptisch – bis Gott ihm zeigte, dass er ihn schon vor seiner Geburt gekannt und für seine Aufgabe ausgewählt hatte.

Zu dem Plan, den Gott für uns hat, können Schwierigkeiten gehören, mit denen wir dann leben müssen. Wie die drei Männer im Feuerofen müssen wir sagen können: »Unser Gott kann uns aus dieser Gefahr retten, und wenn er es nicht tut, ist das auch recht« (vgl. Daniel 3,17–18). Gottes Plan geht vor.

Gottes Plan ist lebenswichtig für uns. Erst in ihm erreichen wir unsere wahre Bestimmung, und wer ihn verpasst, der vergeudet sein Leben. Gott hat die Welt so eingerichtet, dass sie seinen Namen verherrlichen soll; wir sollen Spiegel seiner Majestät sein.

Gottes Plan ist wesentlich für unsere seelische Gesundheit. Wirklich glücklich werden wir nur, wenn wir auf das Ziel hinleben, für das wir erschaffen wurden. Wer seine Energie in andere Ziele steckt, der verzettelt sich und wird zum Fremdkörper in einem Universum, das auf die Verherrlichung Gottes angelegt ist. Ein solches Menschenleben ist so ähnlich wie eine Beethoven-Symphonie, die jemand auf einem leiernden Kassettenrekorder abspielt – eine jämmerliche Verzerrung des Originals; wenn die Kassette es spüren könnte, sie würde vor Schmerzen schreien.

Als Paulus nach Damaskus unterwegs war, um die Christen dort ins Gefängnis werfen zu lassen, erschien der Herr Jesus ihm in einem blendenden Licht und sagte: »Paulus, es wird dir schwerfallen, gegen den Stachel auszuschlagen« (vgl. Apostelgeschichte 26,14). Der »Stachel« war ein vorne zugespitzter Stock, mit dem man Zugochsen lenkte. Es war schmerzhaft für den Ochsen, sich gegen diesen Stock zu wehren, anstatt sich ihm zu fügen. Mit anderen Worten: »Paulus, warum kämpfst du gegen mich? Du schadest dir nur selber.« Ich glaube, wir alle haben Narben von diesem Kampf gegen Gottes »Stachel«. Ein Ochse hat genügend Verstand, relativ bald mit dem Ausschlagen aufzuhören – ein Mensch nicht immer.

Gottes Plan ist drittens das große Abenteuer unseres Lebens. Ich glaube kaum, dass ein einziger Israelit an Langeweile gestorben ist. Auch die Apostel nicht; Gott tat ein Wunder nach dem anderen, als sie für seinen Plan vorwärtsmarschierten. Ein Christ, der mit Gott geht, erlebt täglich Wunder. Schon bald werden Sie jeden Tag als Erstes fragen: »Nun, Herr, was hast du heute mit mir vor?« Vielleicht wartet ein stiller Spaziergang auf Sie. Oder ein heftiger Kampf. Oder die tiefe Befriedigung, einem Menschen in Not dienen zu können.

Es ist faszinierend, ein Mitarbeiter Gottes zu werden. Wir erleben es, wie Gott uns mit seiner Gegenwart leitet und mit seiner Kraft beschützt und wie die Hindernisse wie Kartenhäuser einstürzen. Als Paulus mit dem Schiff nach Rom fuhr, kam ein gewaltiger Sturm auf. Die Matrosen gerieten in Panik und begannen, die Ladung über Bord zu werfen, aber der Sturm wurde nur noch schlimmer. Es schien aus zu sein mit dem Schiff und seinen Passagieren. Am Abend betete Paulus und am nächsten Morgen trat er unter die verschreckten Mitreisenden und sagte: »Kopf hoch, Leute!« (Sie sagen manchmal komische Sachen, die Christen.)

Und er erzählte ihnen, dass ihm, als er betete, ein Engel Gottes erschienen sei und ihm versichert habe, dass er lebendig nach Rom kommen und dort das Evangelium predigen würde; folglich werde zwar das Schiff dem Sturm zum Opfer fallen, aber kein einziger der Passagiere (Apostelgeschichte 27,14–44). Zu Gottes ewigem Plan gehörte, dass Paulus das Evangelium in Rom verkündigte. Dies war wichtig für Gott, für Rom und für Paulus. Und es war (gelinde gesagt) ein Abenteuer. So wird auch unser Leben ein großes Abenteuer, wenn wir bereit sind, uns auf Gottes Willen einzulassen.

Gottes Kraft fließt durch den Kanal seines Zeitplans

Das dritte Kapitel des Buches Josua zeigt klar, dass Gott nach einem ganz bestimmten »Zeitplan« arbeitete. Er selber bestimmte, wie der große Countdown aussah. Wer Gottes Kraft in seinem Leben erfahren will, der muss um dieses Prinzip des göttlichen Zeitplanes wissen. Viele Christen wohnen in der Villa Angst, an der Ecke Sorgenstraße/Stressgasse, weil sie dieses Prinzip nie begriffen haben.

Als unser Leben durch eine stürmische Phase ging, schenkten uns Freunde eine Wanduhr, auf der in großen Lettern geschrieben steht: GOTT HAT NIE VERSPÄTUNG. Diese Uhr hängt noch heute in unserer Küche und begrüßt uns jeden Morgen mit ihrer Botschaft. Ja, Gottes Timing ist perfekt. Er kommt nie zu spät.

Und nie zu früh. Oft tut man ja das Richtige zur falschen Zeit. Der junge Mose zum Beispiel wusste, dass Gott sein Volk aus der Knechtschaft in Ägypten befreien würde. Nachdem er auf wunderbare Weise dem Massaker des Pharaos an den neugeborenen hebräischen Knaben entgangen und hinter den schützenden Mauern des Königspalastes aufgewachsen war, glaubte er, von Gott zum Befreier Israels ausersehen zu sein. Und er glaubte ganz richtig. Aber er nahm die Sache in die eigene Hand und begann die Aktion, indem er einen grausamen Ägypter erschlug. Falls er geplant haben sollte, die Ägypter alle einzeln zu töten, hätte er sich verrechnet. Er verlor prompt das Vertrauen seiner Volksgenossen (niemand vertraut einem Menschen, der nur auf seine eigene Kraft vertraut), kam auf die Fahndungsliste der ägyptischen Polizei und verbrachte die nächsten vierzig Jahre als Flüchtling in der Wüste. Als dann Gott selber bereit war, verließen alle Israeliten in einer Nacht das Land.

Auch Abraham verpasste Gottes Zeitplan. Gott hatte ihm und Sara einen Sohn verheißen, der der Stammvater eines mächtigen Volkes sein würde. Die Jahre vergingen, ohne dass die Verheißung sich erfüllt hätte. Abraham bekam Angst, dass sie bald zu alt sein würden für Gottes Verheißung, und ließ sich (was damals völlig legal war) von der persönlichen Dienerin seiner Frau einen Sohn schenken. Aber wir können die Pläne Gottes nie aus eigener Kraft ausführen und es ist töricht und gefährlich, das zu versuchen. Abrahams Versuch, Gott auf die Sprünge zu helfen, hatte katastrophale Folgen.

Auf Gott warten ist nie verlorene Zeit. Wir verlieren Zeit, wenn wir uns weigern zu warten und die Sache in die eigenen Hände nehmen. Manchmal führen unsere stümperhaften Versuche dazu, dass Gottes Werk um Jahre verzögert wird. Und das Wartenlernen ist eines der schwersten Fächer in Gottes Schule. Eines Tages erhielt Phillips Brooks, einer der großen alten amerikanischen Prediger, Besuch von einem Freund. Brooks lief wie ein Tiger hin und her durch sein Wohnzimmer. Sein Freund fragte ihn, was er habe, und Brooks antwortete mit blitzenden Augen: »Ich hab's eilig und Gott nicht!«

Das Leben Jesu zeigt wie kein anderes das perfekte Timing Gottes. Die Bibel erklärt uns, dass Gott seinen Sohn in die Welt sandte, »als die Zeit erfüllt war« (Galater 4,4). Darauf hielt er ihn dreißig Jahre lang praktisch versteckt, bevor er ihn an die Öffentlichkeit treten ließ. Wenn wir diese Operation unter uns gehabt hätten, wir hätten bereits den zwölfjährigen Jesus im Tempel seine erste Evangelisationskampagne beginnen lassen. »Die Welt ist dabei, zur Hölle zu fahren«, hätten wir gesagt, »du vergeudest deine Zeit in dieser Schreinerei.« Aber Gott nahm sich dreißig Jahre Zeit, um Jesus auf einen dreijährigen Dienst vorzubereiten. Immer wieder hören wir in den Evangelien den Satz: »Meine Zeit ist noch nicht gekommen.« Mehrere Male versuchten Jesu Gegner, ihn zu töten, aber schafften es nicht, weil »seine Zeit noch nicht gekommen war«. Immer wieder entkam er ihnen – bis Gott sagte: »Jetzt.«

Mindestens zweimal müssen die Menschen Jesu Zögern als unverantwortlich empfunden haben. Da ist er auf dem Weg zu einem Mädchen, das mit dem Tod kämpft, und auf einmal hält er an, um mit einer Frau zu sprechen, die an einer vergleichsweise harmlosen Krankheit leidet. Während er dies tut, stirbt das Mädchen (Markus 5,21–43).

Dann der kranke Lazarus: Seine Schwestern Marta und Maria schicken nach Jesus, damit er komme und ihn heile, aber Jesus wartet zwei Tage. Als er endlich kommt, ist Lazarus tot und die Schwestern klagen: »Wenn du rechtzeitig gekommen wärest, wäre unser Bruder noch am Leben« (vgl. Johannes 11,21).

Zwei Situationen, wo Jesu Zögern den Tod bedeutete. Wäre Jesus hier einem menschlichen Zeitplan gefolgt, hätte das viel Angst und Elend erspart. Aber Gottes Plan führte zu einem anderen, letztlich größeren Segen. Diese beiden Beispiele wie auch die Überschreitung des Jordans unter Josua zeigen uns drei Gründe dafür, dass Gott manchmal zuwartet.

Erstens: *Gottes Warten legt unsere Hilflosigkeit bloß.* Die Wartetage am Ufer des Hochwasser führenden Jordans zeigten den Israeliten so recht, dass allein Gott sie sicher ans andere Ufer bringen könnte. Solange die Tochter des Jairus noch lebte, gab es noch Hoffnung; als sie starb, war alle

Hoffnung dahin. Als Jesus von Lazarus' Erkrankung hörte, gab es noch eine Chance; als er endlich kam, lag Lazarus seit vier Tagen im Grab.

Auch in unserem Leben wartet Gott oft, bis die Lage vollkommen hoffnungslos ist. Wir müssen fest davon überzeugt sein, dass allein Gottes Macht uns noch helfen kann.

Zweitens: *Gottes Warten vertieft unseren Glauben.* Jairus und Maria und Marta glaubten, dass Jesus Krankheiten heilen könnte. Er zeigte ihnen, dass sie ihm noch mehr zutrauen könnten: eine Totenauferweckung. Er forderte sie zum Glauben auf, wo es keinen menschlichen Grund zum Glauben mehr gab. Echter Glaube geschieht dort, wo wir uns an nichts mehr halten können als an die nackte Verheißung Gottes. Gott benutzt Verzögerungen, um Situationen zu schaffen, in denen unser Glaube wachsen kann. So wie körperliche Bewegung unsere körperlichen Muskeln stärkt, so stärkt Glauben unsere seelischen Muskeln. Ohne Gottes Glaubensfitnessprogramm mit seinen Warteübungen würden wir nie stärker werden.

Drittens: *Gottes Warten demonstriert seine Herrlichkeit.* Was verherrlicht Gott wohl mehr – eine Krankenheilung oder eine Totenauferweckung? Die Durchquerung eines harmlosen Rinnsal-Jordans oder die eines tobenden Flusses? Das ist der Grund, warum Gott die Nacht oft noch schwärzer werden lässt: damit seine Herrlichkeit um so heller leuchte. Jeder soll sehen, dass er die Rettung gebracht hat; dann wird sein Volk ihn im Tempel preisen und ihm in der Not vertrauen.

Wenn Sie Gottes Kraft in Ihrem Leben erfahren wollen, müssen Sie sich ohne Wenn und Aber in den großen Strom seines Willens werfen und in festem Glauben darauf warten, dass er handele.

7. Es gibt nichts Gutes, außer man tut es

Ein Auto kann voll getankt sein, aber wenn der Motor nicht zündet, wird es sich keinen Zentimeter bewegen. Ich kenne viele Christen, die mit vollem Tank immer noch zwischen Schilfmeer und Jordan in der Wüste stehen. Jahrelang waren sie mir ein Rätsel, diese Glieder meiner Gemeinde, die die Bibel aus dem Effeff kannten, eine stecknadelkopfgroße Sünde fallen hörten, Hunderte von Kilometern zu Bibelkonferenzen fuhren, aber in deren Leben so wenig von Christus zu spüren war. Sie wussten alles, sie waren sehr geschäftig, aber wo waren die Liebe, die Freude, der Friede und all die anderen Merkmale geistlicher Reife? Sie waren voll getankt (und das mit Superbenzin), aber irgendwie zündeten sie nicht.

Das Benzin des Sieges im Leben des Christen ist Gottes Wille und Plan. Die Zündkerze, die dieses Benzin in Kraft verwandelt, heißt *Gehorsam*. Gottes Kraft fließt durch den Kanal unseres Gehorsams.

Gottes Wille, Plan und Zeitplan sind allein seine Sache. Er fragt uns nicht, was er tun soll und wie und wann er es tun soll. Für den Gehorsam dagegen sind *wir* zuständig. Auch wenn die Fähigkeit zum Gehorchen von Gott kommt – für das konkrete Gehorchen hier und jetzt bin ich verantwortlich. Wenn die Zeit gekommen ist, enthüllt Gott uns seinen Willen und sagt: »Jetzt bist du dran.« Und in diesem Augenblick hängt alles an unserem Ja. Wir haben uns mit dem Gehorsam bereits in Kapitel 2 beschäftigt; in diesem Kapitel wollen wir uns genauer anschauen, um was es dabei geht.

Was motiviert uns eigentlich dazu, Gott zu gehorchen? Die Durchquerung des Jordans ist ein Zeugnis des bedingungslosen und prompten Gehorsams Josuas. Wie kam es, dass er unter diesen widrigen Umständen dazu fähig war? Die Antwort ist einfach: Er vertraute Gott. Gehorsam ist der Ausdruck unseres Vertrauens auf Gott. Gehorsam ist praktischer Glaube. Der Glaube ist der Same, der Gehorsam die Blume, die aus diesem Samen wächst. Der Glaube ist die Wurzel, der Gehorsam die Frucht. In einer interessanten Passage im Hebräerbrief heißt es über die Israeliten, die nicht nach Kanaan kamen: »Wem hat er geschworen, sie sollen nicht in das Land seiner Ruhe kommen, wenn nicht den Ungehorsamen? Und wir sehen, dass sie wegen ihres Unglaubens nicht hineinkommen konnten« (Hebräer 3,18–19 Einheitsübersetzung)

In Vers 18 heißt es, dass sie wegen ihres *Ungehorsams* nicht in das Land kommen konnten, in Vers 19 ist der *Unglaube* der Grund. Was war nun der Grund: Ungehorsam oder Unglaube? Es war beides, denn Gehorsam und Glauben sind zwei Seiten derselben Münze. Ich handele nach dem, was ich glaube, und gehorche dem, dem ich vertraue. Wenn Sie die Besucher des Sonntagsgottesdienstes fragen, ob sie an die Bibel glauben, werden wohl die meisten mit »Ja« antworten. Aber Tatsache ist: Wir glauben nur so viel von der Bibel, wie wir auch praktizieren. Was ich nicht tue, das glaube ich nicht.

Vor einiger Zeit rief mich ein Freund an und fragte mich: »Kannst du mir einen Gefallen tun?«

»Was ist es denn?«, fragte ich.

»Jetzt komm, kannst du mir einen Gefallen tun?«

»Sag mir erst, was es ist.«

»Was ist denn mit dir? Vertraust du mir nicht?«

Ich sagte lachend: »Nein.«

Sehen Sie, was ich sagen will? Ich machte natürlich einen Witz, aber wenn ich ihm wirklich ganz vertraut hätte, hätte ich nicht diese Rückfragen gestellt. Wenn wir zögern, Gott bedingungslos zu gehorchen, dann deswegen, weil wir ihm nicht wirklich vertrauen.

Was uns zu einer anderen Frage bringt: Wenn Gehorsam also aus Vertrauen kommt, woraus kommt dann Vertrauen? Die Antwort ist: aus Wissen. Wir gehorchen niemandem, dem wir nicht vertrauen, und wir können nicht jemandem vertrauen, den wir nicht kennen. Und damit wären wir bei der geistlichen Gehorsams-Formel: *Gott kennen = Gott vertrauen = Gott gehorchen.*

Als Josua den Israeliten Gottes Plan eröffnete – ein Plan, der mutigen, entschlossenen Gehorsam erforderte –, machte er mehrere Aussagen über das Wesen Gottes, mit denen er ihnen sagte: »Habt keine Angst, Gott zu gehorchen; ihm könnt ihr vertrauen.« Schauen wir uns diese Aussagen an.

Gott ist der Herr der ganzen Erde

Dieser Titel erscheint im 11. Vers des 3. Kapitels: »Siehe, die Lade des Bundes des Herrschers über alle Welt ...« und erneut in Vers 13: »Wenn dann die Fußsohlen der Priester, die die Lade des HERRN, des Herrschers über alle Welt, tragen ...« Gott ist der souveräne Herrscher über die ganze Erde und hat damit jedes Recht auf unseren Gehorsam, ja auch auf den Gehorsam der Natur. Er ist der Herr nicht nur der Juden, sondern auch des Jordans. Wenn Gott Ihnen befiehlt, durch Ihren Jordan zu ziehen, wird er dem Jordan befehlen zu weichen!

Er ist der lebendige Gott

»Daran sollt ihr merken, dass ein lebendiger Gott unter euch ist und dass er vor euch vertreiben wird die Kanaaniter ...«

(Josua 3,10). Weil Gott ein lebendiger Gott ist, kennt er unsere Lage genau. Er ist nicht eine kalte Figur aus Holz oder Stein, sondern ein lebendiger Gott, der unser Leid mitfühlt.

Und er kennt unsere Lage nicht nur, er ist in ihr aktiv. Er wird unsere Feinde vor uns vertreiben, sagt Josua. »Widersteht dem Teufel, so flieht er von euch«, heißt es in Jakobus 4,7. Ein schönes Beispiel für Gottes Wirken für uns finden wir in Josua 5,13–15. Kurz vor dem Kampf um Jericho begegnet Josua einem Mann, der ein Schwert in der Hand hat. Josua tritt zu ihm und fragt: »Gehörst du zu uns oder zu unseren Feinden?« Der Mann antwortet: »Nein, sondern ich bin der Fürst über das Heer des HERRN und bin jetzt gekommen.« Dieser Mann – ich glaube, dass er eine »Präinkarnation« des Herrn Jesus war – sagte praktisch: »Ich bin nicht gekommen, um Partei zu ergreifen, ich bin gekommen, um das Kommando zu ergreifen!«

Er ist der Gott des Bundes

Siebenmal wird in Josua 3 die Bundeslade erwähnt. Ein Bund ist eine Übereinkunft, ein bindender Vertrag zwischen zwei Parteien. Der Herr der Erde hatte einen Vertrag mit den Israeliten geschlossen, mit dem er sich dazu verpflichtete, ihr Gott zu sein und für sie zu handeln. Dieser Vertrag war ursprünglich mit Abraham geschlossen und mit Blut besiegelt worden. Und da er ein Vertrag zwischen zwei Parteien war, gab Gott den Israeliten am Sinai sein Gesetz, das ihren Anteil an den Bundesverpflichtungen festlegte.

Die beiden Steintafeln mit dem Gesetz lagen in der Bundeslade. Wenn die Israeliten also der Lade folgten, folgten sie der sichtbaren Erinnerung daran, dass Gott sie liebte und sich ihnen verschrieben hatte. Als Jesus mit seinen Jüngern das Abendmahl hielt, nahm er den Kelch und erklärte, dass sein Blut das Blut des neuen Bundes sei. Mit seinem Tod am Kreuz hat er sich uns verbunden.

Jeder Christ kann ein Leben des Sieges haben – aber dazu muss er gehorchen. Ein altes Lied drückt dies so aus:

Vertraue ihm ganz
und gehorche ihm recht.
Dann wird Jesus dich führen
und du bist Gottes Knecht.

8. Dranbleiben!

Ich spiele gerne Tennis, aber ich habe ein großes Problem: Wenn ich den Ball treffe, ziehe ich den Schläger nicht richtig durch, sondern lasse ihn sozusagen stehen – und der Ball fliegt irgendwohin. Den »Durchschwung«, wie ihn die Spezialisten nennen, beherrsche ich einfach nicht. Deswegen habe ich auch das Golfspielen aufgegeben. In so ziemlich jeder Sportart ist das Durchziehen ein Muss. Vor ein paar Tagen schaute ich bei einem Schüler-Baseballmatch zu. Der Werfer, ein vielleicht sieben oder acht Jahre alter Junge, hatte große Schwierigkeiten mit dem Ball. Nach einem besonders schlechten Wurf schrie seine Mutter ihm zu: »Durchziehen, Greg, durchziehen!« Noch habe ich die Hoffnung nicht aufgegeben, dass es irgendwo einen Sport gebe, bei dem man nicht durchziehen muss.

Das Problem mit dem Durchziehen gilt auch für unsere Frömmigkeit. Ich habe lange nach einer Variante des Christenlebens gesucht, die ohne solches Durchziehen auskommen würde. Ich habe es lieber, wenn ich als Christ mühelos dahingleiten kann. Aber so ist das im wirklichen Leben nicht und es ist mir mehrfach passiert, dass geistliche Erlebnisse im Sande verliefen, weil ich nicht dranblieb. Für viele von uns ist das Christenleben wie ein Seifenkistenrennen: Jemand schiebt uns an, und los geht's, der Wind pfeift uns in den Ohren, die Zuschauer schießen vorbei und alles ist ganz toll. Aber dann hört das Gefälle auf und wir werden langsamer und noch langsamer und noch langsamer, bis wir stehen bleiben. Ende der Fahrt – bis zum nächsten Abhang und dem nächsten freundlichen Menschen, der uns anschiebt.

Zahllose Christen stehen mit ihren Seifenkisten in der Wüste und hoffen, dass Gott komme und ihnen einen kräftigen Schubs gebe, der ihnen das geistliche Fest ihres Lebens schenkt. Überall stehen oder liegen sie herum, die Christen, die einmal so richtig Feuer und Flamme für Gott waren – die meisten, weil sie nicht »drangeblieben« sind.

Die Bibel hat etliches zum Thema »Dranbleiben« zu sagen. So Paulus, wenn er in Kolosser 2,6 schreibt: »Wie ihr nun den Herrn Christus Jesus angenommen habt, so lebt auch in ihm.« Die meisten von uns betonen in ihren Zeugnissen ihre »Schlüsselerlebnisse«, aber Paulus geht es um den ganz profanen Alltag. Wie die alten Prediger manchmal sagten: »Es kommt nicht darauf an, wie laut du schreist oder wie hoch du springst, sondern wie du läufst, wenn du wieder auf dem Boden bist.« Wohl wahr.

Wie wichtig das Durchziehen bzw. Dranbleiben ist, zeigt sich auch daran, dass nur vier Kapitel des Buches Josua von dem eigentlichen Einzug in das Land Kanaan handeln: Die übrigen zwanzig berichten, was anschließend geschah. Und zu Beginn des Einzuges geschah etwas sehr Seltsames. Weil die Israeliten den Jordan in einer der am stärksten befestigten Gegenden Kanaans überschritten, betraten etwa 40 000 von ihnen das Land in voller Kampfausrüstung – aber das Erste, was sie in dem neuen Land taten, war nicht Kämpfen, sondern Gott befahl ihnen, anzuhalten und ihm vor den Augen ihrer Feinde ein Denkmal zu errichten. Jeder der zwölf Stämme hatte einen großen Stein aus dem Flussbett aufzuheben und diese zwölf Steine wurden im Lager der Israeliten bei Gilgal aufgestellt – wahrscheinlich in einem Kreis – zur Erinnerung daran, was Gott an diesem Tag für sein Volk getan hatte.

Die Israeliten hatten ein großes Schlüsselerlebnis hinter sich und mit diesem Steinkreis bestätigten und befestigten sie es, verliehen ihm gewissermaßen Dauer. Eine genauere Untersuchung der Bedeutung dieser Steine kann uns wertvolle Hilfen für das »Dranbleiben« in unserem eigenen

Glaubensleben geben. Also: »Was bedeuten diese Steine?«
(Josua 4,21)

Die Steine waren das Zeichen einer dauerhaften Verwandlung

Das Steinmal war dazu da, »damit ihr den HERRN, euren Gott, allezeit fürchtet« (Josua 4,24 Elberfelder). Das Wunder der Jordan-Durchquerung sollte eine bleibende Wirkung auf Israel haben. Ohne jeden Zweifel erzeugte dieses Wunder eine tiefe Ehrfurcht im Volk, aber Gott wollte, dass diese Ehrfurcht keine Eintagsfliege, sondern von Dauer sei. Was übrigens auch hieß, dass sie im Prinzip unabhängig von weiteren Wundern zu sein hätte. Wenn Gott immer wieder neue Wunder »liefern« müsste, um die Anbetung der Israeliten warm zu halten, dann stimmte etwas nicht an der Art, wie sie die Jordan-Durchquerung erlebt hätten.

Es ist unmöglich, eine echte Gottesbegegnung zu haben und nicht ein anderer Mensch zu werden. Nehmen wir Mose: Die Gottesoffenbarung am brennenden Busch stellte sein ganzes Leben auf den Kopf. Jakobs Kampf mit Gott am Jabbok wirkte so tief auf ihn, dass Gott ihm einen neuen Namen gab. Die Bekehrung vor Damaskus machte aus einem Saulus den Apostel Paulus (die Christen wollten es anfangs nicht glauben, so groß war die Verwandlung). Jene zwölf Steine am Jordan proklamierten den Beginn einer neuen Ära für Israel. Aber nur den Beginn. Auf den ersten Schritt mussten viele weitere folgen.

Im Neuen Testament ist dieses »Dranbleiben« eines der Hauptthemen. Paulus warnte die Korinther davor, durch religiöse Erlebnisse, die nicht zu einem heiligeren Leben führten, die Gnade Gottes vergeblich zu empfangen (2. Korinther 6,1–4). Die Galater hatten einen guten Anfang gemacht, aber waren in Gefahr, in ihr altes religiöses Geleise zurückzufallen; zu ihrer Erlösung gehörte nicht nur, dass sie frei geworden waren, sondern auch, dass sie frei bleiben sollten (Galater 3,1–3; 5,1).

Eine der ernüchterndsten Bibelstellen ist Philipper 2,16. Paulus ermahnt die Christen in Philippi, geistlich reif zu werden, und fährt dann fort: »… mir zum Ruhm für den Tag Christi, damit ich nicht vergeblich gelaufen bin oder mich umsonst abgemüht habe« (Einheitsübersetzung). Ein erstaunlicher Satz (und man vergesse nicht, dass Paulus hier unter der Inspiration des Heiligen Geist schreibt). Wenn Paulus einmal vor Christus stehen wird, dann wird es ihm also nicht reichen, dass die Galater sich irgendwann einmal bekehrt haben; wenn sie nicht »drangeblieben« und in ihrem Glauben reif geworden sind, dann ist seine Arbeit vergeblich gewesen. Wie das? In den Himmel kommen würden die Galater doch sicherlich – war das denn nichts? Nicht viel, sagt Paulus. Wenn seine missionarischen Bemühungen die Galater lediglich in den Himmel brächten, dann hätte er genauso gut zu Hause bleiben können. Was bringt ein Baum, der keine Frucht bringt, oder ein Licht, das unter dem Scheffel versteckt wird? Wir müssen uns frei machen von der falschen Vorstellung, dass Christus sein Blut nur deswegen vergossen habe, um uns den Weg in den Himmel zu öffnen.

Das Evangelium ist eine »Kraft« Gottes (Römer 1,16). Manche bezeichnen es sogar als »Dynamit«, nach dem griechischen Wort für »Kraft« *(dynamis)*. Leider ähneln viele unserer Erfahrungen mit Gott eher einem harmlosen Feuerwerkskörper: ein lauter Knall, viel Staub, nach einer Sekunde vorbei. Aber es gibt noch ein anderes mit *dynamis* verwandtes Wort, das, wie ich meine, die Erlösung besser beschreibt: Es ist der Dynamo, der nicht nur einmal, sondern kontinuierlich Energie liefert. Bei unserer Bekehrung hat Gott uns einen »Dynamo« eingepflanzt, den Heiligen Geist, der uns ständig mit dem göttlichen Kraftstrom verbindet, sodass wir die Menschen werden können, die Gott haben will.

Die Steine wurden zum Zentrum des Lebens

Von dem Ort im Fluss, wo die Priester mit der Bundeslade gestanden hatten, also aus dem Herzen ihrer Gotteserfahrung, nahmen die Israeliten zwölf Steine und stellten sie in ihrem Lager auf. Was Gott für sie getan hatte, sollte ein eingewurzelter Teil ihres täglichen Lebens werden. Gilgal, der Ort, wo das Denkmal stand, wurde die Basis all ihrer Aktivitäten. Von dort aus zogen sie in den Kampf und zu diesem heiligen Ort kehrten sie anschließend (ob nun siegreich oder nicht) zurück. Er war das Zentrum ihres Lebens.

Wenn wir im Glauben »dranbleiben« wollen, brauchen auch wir ein Gilgal, eine Gedenkstätte. Unsere Gilgal-Erlebnisse erinnern uns an die Treue des Gottes, der seinen Bund mit uns geschlossen hat. Es ist erschreckend, wie leicht wir unsere Erfahrungen mit Gott wieder vergessen. Wir erinnern uns an einen zweideutigen Witz, den wir vor fünf Jahren einmal hörten, aber nicht an den Predigttext vom letzten Sonntag.

Die Bibel warnt nicht umsonst vor den Gefahren des Vergessens. Blättern Sie nur einmal im 5. Buch Mose, und Sie finden auf Schritt und Tritt solche Ermahnungen. Hier ein paar aus dem 8. Kapitel:

Und gedenke des ganzen Weges, den dich der HERR, dein Gott, geleitet hat ... So hüte dich nun davor, den HERRN, deinen Gott, zu vergessen, sodass du seine Gebote ... nicht hältst. Wenn du nun gegessen hast und satt bist ..., dann hüte dich, dass dein Herz sich nicht überhebt und du den HERRN, deinen Gott, vergisst

... Sondern gedenke an den HERRN, deinen Gott ...
Wirst du aber den HERRN, deinen Gott, vergessen
..., so werdet auch ihr umkommen ... (5. Mose
8,2.11–12.14.18–19)

Nein, die Gefahr war nicht, dass die Israeliten den Einzug
nach Kanaan vergessen würden; die Gefahr war, dass sie vergessen würden, dass dieser Einzug allein durch Gottes Macht
möglich gewesen war. Dann würden sie Gottes Hilfe für
eine Selbstverständlichkeit halten – wie es prompt in Ai geschah. Wir alle neigen dazu, unsere Hilflosigkeit und Gottes
Allmacht zu vergessen; die Folge ist, dass wir uns auf unsere
eigene Kraft verlassen, was wiederum zur Katastrophe führt.

Jesus hat das Abendmahl als Erinnerungszeichen an seinen Tod für uns eingesetzt. Das Abendmahl ist ein Ge-
dächtnismahl. Wenn wir das Brot essen und den Kelch trinken, erinnern wir uns daran, dass Jesus für unsere Sünden
seinen Leib dahingegeben und sein Blut vergossen hat. Die
immer neue Erinnerung an das Kreuz ist eine mächtige Me-
dizin gegen den Rückfall. Für Petrus ist ein Mangel gewis-
ser geistlicher Qualitäten im Leben des Christen ein Zeichen
dafür, dass er »vergessen« hat, dass »er rein geworden ist von
seinen früheren Sünden« (2. Petrus 1,9).

Wir brauchen auch einen Ort der Neuorientierung. Jeder
Christ erlebt früher oder später Zeiten der Desorientierung.
Wie Josua brauchen wir einen Ort, an dem wir uns immer
wieder neu auf den Willen Gottes ausrichten können. Der
berühmte Evangelist Moody zog sich jeden Sommer an einen ruhigen Ort zurück, wo er allein mit Gott sein und »das
Instrument neu stimmen« konnte. Man kann sehr geschäftig für Gott und gleichzeitig sehr kalt im Herzen sein; noch
so viel »arbeiten für den Herrn« ist kein Ersatz für die Her-
zenswärme der persönlichen Gottesgemeinschaft.

Woran erkennen wir, dass wir unsere geistlichen Batterien

neu aufladen müssen? Der Maßstab, an dem wir unsere gegenwärtige Beziehung zu Gott messen, ist sein früheres Wirken in uns. Wir prüfen unseren gegenwärtigen geistlichen Zustand im Lichte dieser vergangenen Erfahrungen. Wie wäre es, wenn Sie jetzt gleich eine solche Prüfung vornehmen würden? Wie war das noch damals, kurz nach Ihrer Bekehrung? Das Bewusstsein der Gegenwart Gottes, die Freude, die nicht aufhören wollte, die Liebe, der unwiderstehliche Drang, mit anderen über Jesus zu reden. Ist das immer noch so bei Ihnen? Vielleicht sogar mehr als damals? Oder weniger? Früher waren Sie geduldig, jetzt reagieren Sie empfindlich und gereizt. Die Freude ist der Verdrossenheit gewichen, der Friede den Sorgen. Passiert es Ihnen, dass Sie denken: *Wenn es nur wieder so werden könnte wie damals...*? Dann ist es Zeit, dass Sie wieder Ihr Gilgal besuchen, den Ort der Erneuerung, des Bekennens und der Vergebung.

Einer meiner besten Freunde ist Pilot. Vor einiger Zeit flog er mich in seinem Privatflugzeug zu einer Bibelkonferenz. Ich bin so etwas wie ein verhinderter Pilot, und als wir gestartet waren und unsere Flughöhe erreicht hatten, fragte ich ihn, ob ich das Ruder übernehmen könne. Ich fand, dass ich ganz gut flöge – bis er mir auf die Schulter tippte und auf den Kompass zeigte. Ohne es zu merken, war ich kräftig vom Kurs abgekommen. Ganz ähnlich ist es in unserem geistlichen Leben: Wenn wir nicht aufpassen, bilden wir uns ein, schön geradeaus zu fliegen, während wir in Wirklichkeit vom Kurs abgekommen sind.

Die Steine waren ein Zeugnis für andere Menschen

Jemand hat einmal gesagt, dass man es merkt, wenn man Gott begegnet. Stimmt. Und andere merken es auch. Als Mose vom Sinai herabstieg, leuchtete sein Gesicht von der

schichte 2,37). Welcher Prediger träumt nicht von solch einer Reaktion seiner Gemeinde! Aber wie kam es denn zu dieser Reaktion? Nicht nur durch die Worte des Petrus, sondern auch durch das ihnen vorangehende Pfingstwunder, das so handgreiflich zeigte, dass etwas geschehen war im Leben der Jünger. Es war das umgekrempelte Leben der Christen, das die Aufmerksamkeit der Menschen auf sich zog, sodass Petrus zu ihnen predigen konnte.

Das Gleiche finden wir bei dem Aufseher des Stadtgefängnisses von Philippi (Apostelgeschichte 16). Er war so beeindruckt von dem Verhalten des Paulus und Silas bei ihrer Inhaftierung, dass er, als Gott das Erdbeben schickte, sie fragte, was er tun müsse, um gerettet zu werden.

Die Gedenksteine von Gilgal waren zur Gegenwart gewordene Vergangenheit. Es ist in Ordnung, über die Vergangenheit zu reden, solange diese Vergangenheit sich sichtbar in der Gegenwart niederschlägt. Hin und wieder höre ich den Satz: »Sie hätten diese Gemeinde mal vor fünfzehn Jahren erleben sollen, was für eine Erweckung wir damals hatten!« Ich muss dann oft denken: *Gut, dass Sie mir das extra sagen, sonst hätte ich das nie gemerkt!* Nichts gegen schöne Erinnerungen; es ist gut, über die vergangenen Segnungen Gottes zu reden. Aber diese Segnungen sollten in die Gegenwart hineinreichen; was Gott damals tat, sollte heute noch nachwirken.

Bevor ich dieses Kapitel beschließe, möchte ich noch darauf hinweisen, dass jeder Stamm Israels einen Stein zu dem Denkmal beitrug. Ich schließe daraus, dass jede Familie ein Andenken an den Segen Gottes haben sollte. So wie damals der Führer eines jeden Stammes einen Stein beizubringen hatte, so sollte heute das Haupt jeder christlichen Familie einen »Erinnerungsstein« seiner Erfahrungen mit Gott bereit haben. Es sollte in seinem Leben etwas geben, was seine Kinder fragen lässt, was er mit dem Herrn erlebt habe.

Der Steinkreis von Gilgal sollte ein Zeugnis für die ganze Welt sein, »damit alle Völker auf Erden die Hand des HERRN erkennen, wie mächtig sie ist« (Josua 4,24). In dem Maße, wie wir lernen, »dranzubleiben« und reifere Christen zu werden, werden auch wir ein Zeugnis für die mächtige, rettende Hand unseres Gottes werden.

9. Wachstumshemmer

Der amerikanische Evangelist und ehemalige Baseball-Star Billy Sunday sagte gerne: »Wenn unsere körperliche Gesundheit so wäre wie unsere geistliche, wir Christen würden alle an Krücken gehen.« Was meinte er damit? Dass bei uns dann, wenn wir geistlich nicht wachsen, die Alarmglocken klingeln sollten. Wachstum ist die natürliche Folge von Leben, und wo kein Wachstum ist, da ist das Leben in Gefahr. Wir nehmen es für selbstverständlich, dass unsere Kinder wachsen; andernfalls gehen wir mit ihnen zum Arzt.

Aber ein Christ, der innerlich wächst – das hat für viele von uns Seltenheitswert. Als Pastor war ich jedes Mal erstaunt und erfreut, wenn ich auf Gemeindeglieder stieß, die echte Fortschritte im Glauben machten. Ich präsentierte sie stolz den Kollegen, die mich besuchten, die darauf stets in mein Erstaunen einstimmten und sich lebhaft wünschten, auch so etwas in ihrer Gemeinde zu haben. Aber wenn ich sie auf den Spielplatz geschleppt hätte, um ihnen zu zeigen, wie viele Zentimeter die Kinder meiner Nachbarn im letzten Jahr zugelegt hatten, sie hätten mich für verrückt erklärt.

Ich glaube, dass wir uns erst dann als »normale« Christen bezeichnen dürfen, wenn uns das innere Wachstum etwas genauso Selbstverständliches ist wie das körperliche. Der Apostel Johannes betete, dass es seinem Freund Gajus in allen Dingen gut gehen möge, »so wie es deiner Seele gut geht« (3. Johannes 2). Könnten Sie sich solch ein Gebet zu Eigen machen? Mal ehrlich: Wenn unser körperliches und finanzielles Wohlergehen von unserem geistlichen Wohlergehen abhinge, säßen wir alle bankrott im Rollstuhl.

Aber wenn Wachstum die natürliche Folge von Leben ist, wie kommt es dann, dass unser geistliches Wachstum ausbleibt? Nun, wie es Dinge gibt, die das körperliche Wachsen behindern können, so gibt es auch geistliche Wachstumshemmer. Die Entwicklung unseres Christenlebens geschieht nie ohne Widerstand; innere Reife stellt sich nicht von selber ein. Wer wachsen will, muss gegen den Strom schwimmen, der versucht, ihn zurückzuhalten.

Im letzten Kapitel haben wir über das »Dranbleiben« im Christenleben gesprochen; wir sahen, dass jede echte Erfahrung mit Gott bleibende Ergebnisse hat. Schön, das haben Sie begriffen und hätten das gerne für Ihr Leben – aber es kommt einfach nicht. Sie wissen, dass Ihr Erlebnis mit Gott real war, aber der Niederschlag in Ihrem Leben ist mikroskopisch klein. Wo liegt das Problem? Die Antwort ist das Thema dieses Kapitels und wir wenden uns dazu Josua 17 zu, wo wir eine höchst lehrreiche Geschichte finden. Die Israeliten sind in das Gelobte Land eingezogen und jetzt teilt Josua es nach Gottes Anweisungen unter die verschiedenen Stämme auf. In Vers 14 lesen wir, wie einer dieser Stämme sich beklagt: »Da sagten die Nachkommen Josefs zu Josua: Warum hast du uns als Erbbesitz nur ein Los und einen Anteil verliehen? Wir sind doch ein großes Volk, und der HERR hat uns bisher gesegnet« (Bruns). Man beachte hier das Wort »bisher«. Mir scheint, dass in diesem Ausdruck ein möglicher Zweifel liegt, ob Gottes Segen weitergehen würde. Klingt ganz so wie bei manchen von uns, nicht wahr? »Der Herr hat mich so gesegnet, aber dann ist irgendwas passiert. Eine Zeit lang ging alles so gut, aber jetzt ...«

Holen Sie Ihre Bibel und lesen Sie Josua 17,12–18. Dieser Abschnitt wirft einiges Licht auf unsere Wachstumshemmer.

Wir wachsen nicht, wenn wir halbe Sache machen

Die Verse 12 und 13 sind bemerkenswert: »Und der Stamm

Manasse konnte diese Städte nicht erobern, sondern die Kanaaniter vermochten im Lande zu bleiben. Als aber die Israeliten mächtig wurden, machten sie die Kanaaniter fronpflichtig; aber sie vertrieben sie nicht völlig.«

Sie vertrieben sie nicht völlig: Obwohl Israel das Land erobert hatte, wohnten viele der Kanaaniter – der Feinde, wenn Sie so wollen – nach wie vor dort. In Josua 16,10 lesen wir: »Und sie [Manasse und Ephraim] vertrieben die Kanaaniter nicht, die in Geser wohnten. So blieben die Kanaaniter mitten unter Ephraim bis auf diesen Tag und wurden fronpflichtig.« Und in Richter 1 erfahren wir:

Und Manasse vertrieb nicht Bet-Schean ... So blieben die Kanaaniter dort im Lande wohnen. Als aber Israel mächtig wurde, machte es die Kanaaniter fronpflichtig, vertrieb sie jedoch nicht. Auch Ephraim vertrieb die Kanaaniter nicht ... Auch Sebulon vertrieb nicht die Einwohner ... Asser vertrieb nicht die Einwohner ... Naftali vertrieb die Einwohner nicht ... (Richter 1,27–31.33)

Bevor Israel das Land in Besitz nahm, hatte Gott ihm mit deutlichen Worten geboten, alle seine Einwohner zu vertreiben; auch nicht ein einziger Kanaaniter durfte übrig bleiben. Doch dann lesen wir wieder und wieder, dass Israel nicht alle vertrieb, sodass im Land der Verheißung die Kanaaniter Haustür an Haustür mit den Israeliten wohnten – kein Wunder, dass es eng wurde!

Nehmen wir an, Sie treffen mich auf der Straße und fragen mich, wie es mir gehe. Ich antworte: »Nicht so gut. Wir brauchen ein größeres Haus. Wir sind zwar nur zu viert, aber wir platzen aus den Nähten.«

Sie sagen: »Da kann ich dir helfen. In unserer Nähe ist gerade ein Haus mit zwölf Zimmern zu kaufen, ein echtes

Schnäppchen. Zur Zeit wohnt noch eine siebenköpfige Familie drin, aber die ziehen demnächst aus.«

»Danke, das gucke ich mir mal an.« Und ich marschiere zum Makler, kaufe das Haus und ziehe mit meiner Frau und den beiden Kindern ein.

Ein paar Wochen später sehen Sie mich wieder auf der Straße und fragen mich, wie es mir gehe.

»Nicht so gut«, antworte ich. »Wir brauchen ein größeres Haus.«

»Ein größeres Haus? Aber ihr wohnt doch jetzt mit vier Personen in dieser Zwölf-Zimmer-Villa!«

»Tja, die Vorbesitzer – sieben Leute, du weißt ja – wohnen ja auch noch drin. Echt dumm.«

Man muss kein Genie sein, um die Lösung des Problems zu finden: die Vorbesitzer hinaussetzen! Was für ein Recht habe ich eigentlich, über Raummangel zu klagen, wenn ich den Raum, den ich habe, nicht nutze?

Genauso war es damals bei den Stämmen, die sich bei Josua beklagten. Sie hatten jede Menge Platz, aber der war vom Feind besetzt. Es ist töricht, Gott um mehr Segen zu bitten, wenn ich den Segen, den er mir schon gegeben hat, nicht auslebe. Es bringt nichts, Gott um mehr Erkenntnis zu bitten, wenn ich die Erkenntnis, die ich bereits habe, nicht in die Tat umsetze. Mein Freund Manley Beasley sprach einmal vor einer Versammlung von lauter Pastoren, als er plötzlich anhielt, seine Bibel zuknallte und rief: »Genug des Predigens! Jetzt wisst ihr mehr, als ihr auslebt!« Wie wahr.

Wie ist das mit Ihnen? Leben Sie Ihr Potential aus? Schauen Sie sich um: Gibt es in Ihrem Leben Kanaaniter, die Sie noch nicht vertrieben haben? Gott hat Ihnen befohlen, sie restlos hinauszuwerfen, aber zwei oder drei fanden Sie so süß, dass Sie es nicht übers Herz gebracht haben, ihnen die Tür zu weisen. Sie haben sie natürlich strikt angewiesen, sich zu benehmen, und meistens tun sie das auch, aber Sie können kein dauerhaftes Wachstum erwarten, solange Sie auch nur einen Kanaaniter in Ihrem Herzen dulden.

Wie kommt es, dass wir diese Rest-Kanaaniter in unserem Leben behalten? Hier einige der Gründe:

1. Falsche Kompromisse

Gott sagt, dass wir sie *alle* austreiben müssen. Wir argumentieren, dass einer oder zwei doch den Braten nicht fett machen. So fängt es immer an: Wir wissen, dass wir etwas tun, was nicht recht ist, aber wir tun es ja nur ein bisschen. Und überhaupt: Keiner ist vollkommen und wir kennen ein paar Christen, die ganz andere Sachen machen und gut über die Runden kommen. Aber egal, wie wir es beschönigen, wir verwässern das Wort Gottes – und das ist schlichter Ungehorsam.

2. Selbstgefälligkeit

Haben Sie es auch bemerkt, dass die Israeliten die Kanaaniter, die sie im Lande ließen, fronpflichtig, also zu Zwangsarbeitern machten? Als Sklaven waren die Feinde doch bestens unter Kontrolle; warum sie dann vertreiben?

Wer sagt da, die Bibel sei nicht modern? Ich kann sie schon nicht mehr zählen, die Christen, die genauso argumentieren. »Na ja, ganz koscher ist das nicht, ich weiß, aber ich hab das im Griff. Es ist ein Problem, aber ich werde schon damit fertig.« Was würden Sie von einem Alkoholiker halten, der Ihnen sagt: »Ich kann ja jederzeit damit aufhören«? Aufhören oder nicht – das sind die einzigen Alternativen, etwas Drittes gibt es nicht. Meine Erfahrung ist, dass die, die so reden, meist nicht aufhören.

Tatsache ist, dass den Israeliten damals ihr Befriedungs-programm durch Fronarbeit misslang. Die Kanaaniter ließen sich nicht versklaven. Und was die Israeliten nicht schafften, das schaffen wir auch nicht.

3. Feigheit

Wenn es nicht so traurig wäre, es wäre komisch. Schauen Sie sich Josua 17,16 an. Josua sagt den Nachkommen Josefs, dass sie doch den Bergwald roden könnten. Ihre Antwort: »Da sprachen die Nachkommen Josefs: Das Gebirge wird nicht Raum genug für uns haben; dazu gibt es eiserne Wagen bei allen Kanaanitern, die im ebenen Land wohnen ...« Da also lag der Hase begraben; sie hatten Angst vor den Waffen der Kanaaniter. Aber hatten sie die Kanaaniter nicht zu Fronar-beitern gemacht? Wenn ja, dann waren dies die merkwür-digsten Fronarbeiter, von denen ich je gehört habe!

Vor Jahren hörte ich einmal die folgende Geschichte. Ich weiß nicht, ob sie wahr ist, aber sie ist gut. Während einer heftigen Schlacht funkt ein Hauptmann seinem Leutnant, sich auf eine bestimmte Position zurückzuziehen. Der Leut-nant antwortet: »Das geht nicht, Herr Hauptmann.«

»Warum geht das nicht?«

»Ich habe einen Gefangenen gemacht, Herr Hauptmann.«

»Na, dann bringen Sie den mit.«

»Er will nicht mit, Herr Hauptmann.«

»Dann lassen Sie ihn da und kommen Sie alleine!«

»Er lässt mich nicht, Herr Hauptmann.«

Einer der Hauptgründe dafür, dass wir nicht versuchen, die »Kanaaniter« (jene kleinen oder größeren Lieblingssünden) aus unserem Leben zu vertreiben, ist schlicht, dass wir Angst haben, es nicht zu schaffen. Wir gehen der direkten Kon-frontation aus dem Weg und ziehen die schöne Illusion vor, dass wir sie ja jederzeit hinauswerfen könnten, wenn uns der Sinn danach stünde. Sie sagen, Sie können mit diesem oder jenem doch jederzeit Schluss machen? Warum tun Sie es dann nicht? Könnte es sein, dass der wirkliche Sklave Sie sind?

4. Mit Netz und doppeltem Boden

»Sie machten die Kanaaniter fronpflichtig.« Warum sie *alle* vertreiben? Sie waren gute und billige Arbeitskräfte. Es hatte seine Vorteile, ein paar von ihnen im Land zu lassen.

Wie kann das bei uns heute aussehen? Da ist ein Geschäftsmann, der begriffen hat, dass seine Firma ja eigentlich Gott gehört, und der sie folglich nach christlichen Prinzipien führt. Aber für den Fall, dass es mit Gott doch nicht so gut klappen sollte, behält er einen »Kanaaniter« im Hinterzimmer – die ganz normalen Geschäftspraktiken der Welt. Für den Notfall natürlich nur.

Oder ein Teenager bekehrt sich und möchte jetzt, dass Christus in allen Bereichen des Lebens den ersten Platz habe. Aber was, wenn ihm das nicht die Freunde und den Spaß bringt, die man als Teenager nun einmal haben will? Und so holt er dann und wann einen cliquentauglichen »Kanaaniter« aus der Versenkung. Man will ja was vom Leben haben.

Oder ein Pastor ist zu der Erkenntnis gekommen, dass die Tricks und Gags, mit denen er seine Kirche füllt, Christus keine Ehre machen. Von jetzt an will er seine Gemeinde ganz nach den Prinzipien des Heiligen Geistes führen. Aber die sofortigen sichtbaren Ergebnisse, die er sich erhofft hat, bleiben aus. Macht nichts; er hat in weiser Voraussicht ein paar der alten Tricks in der Hinterhand behalten. Sollt mal sehen, in zwei Wochen ist der Laden wieder voll ...

Ich glaube, diese Beispiele reichen. Leben Sie Ihr Potenzial aus?

Wir wachsen nicht, wenn wir ständig
Extrawürste erwarten

Manasse war der erstgeborene Sohn Josefs und die Ephraimiter waren Verwandte Josuas. Hatten sie nicht eine bessere Behandlung verdient als die normalen Feld-, Wald- und Wiesen-Israeliten? Sie waren doch etwas Besonderes!

Ich staune immer wieder, wie viele Christen an solchen Einbildungen leiden. Sie kennen die Gesetze des geistlichen Wachstums – treues Bibellesen und Beten, immer neues Sündenbekenntnis, Gottes Wort gehorchen, in allem Gottes Ehre suchen –, aber sie erwarten allen Ernstes, Gottes Segen auch ohne diese Dinge zu bekommen. Meine Sünden beichten? Ich doch nicht ... Ich habe Menschen in der Seelsorge gehabt, die ihre Heilsgewissheit verloren hatten und sie gerne wiederhaben wollten, aber nicht bereit waren, jeden Tag in der Bibel zu lesen. Sie suchten ein vages »Erlebnis«, das sie eins, zwei, drei zurück in die Gemeinschaft mit Gott katapultieren würde, ohne dass sie selber etwas dazu tun mussten.

Unser Bibelabschnitt zeigt uns zwei Faktoren, die zu solch einer Einstellung beitragen.

1. Überheblichkeit

Die Nachkommen Josefs brüsteten sich mit dem Segen, den sie von Gott erhalten hatten. Solch gesegnete Menschen hatten doch wohl etwas Zuvorkommenheit verdient ... Der Stolz ist ein heimtückischer Geselle, der den einzelnen Christen, die Gemeinde, ja eine ganze Kirche untergraben kann. »Wir sind so gut, weil wir so gut sind ...« So kann sich Segen in Fluch verwandeln. Eine besondere Rednerbegabung, die zwanzig Jahre im Kirchengemeinderat, die sichtbaren Lebensführungen Gottes, der theologische Doktortitel – alles Mögliche kann uns mit der heißen Luft der Arroganz aufblasen.

2. Trägheit

Dieses Thema habe ich bereits in Kapitel 2 gestreift. Ich bin überzeugt, dass der Hauptgrund dafür, dass Christen nicht geistlicher, reifer, hingegebener sind, schlicht Faulheit ist! Sie haben richtig gelesen: Das Hauptproblem der meisten Christen ist die Trägheit. Wie damals bei den Israeliten in Josua 17. Josua sagt ihnen, dass sie, wenn sie mehr Land wollen, nur ein paar Waldstücke zu roden und die restlichen Kanaaniter zu vertreiben brauchen. Aber roden und kämpfen ist ihnen zu anstrengend und so betteln sie lieber. Und wir sind oft genauso. Wir sind in diesem konkreten Augenblick geistlich so reif, wie wir im Grunde unseres Herzens sein wollen. Ich weiß, ich weiß: Wir seufzen und wünschen uns, geistlicher zu sein; aber das Wünschen bringt es nicht. Es ist nutzlos, Gott um Wachstum zu bitten, wenn wir nicht bereit sind, dafür zu arbeiten.

Ein Vater brachte einmal seinen Sohn in das Seminar des großen Predigers Spurgeon. Als Mr. Spurgeon ihm erklärte, dass die Predigerausbildung mehrere Jahre dauern würde, sagte der Vater: »Sie, mein Sohn ist ein außergewöhnlich intelligenter junger Mann. Können Sie es bei ihm nicht ein bisschen schneller machen?« Spurgeon erwiderte: »Sir, Gott braucht zwanzig Jahre für einen Eichenbaum, aber nur sechs Monate für einen Kürbis. Was soll Ihr Sohn werden?«

Es gibt keine Abkürzungen zur Reife. Ein reifer Christ zu werden erfordert Beharrlichkeit und Disziplin. Was uns zu unserem nächsten Thema bringt.

Wir wachsen nicht, wenn wir unsere Hausaufgaben nicht machen

Josua hatte eine Lösung für das Wachstumsproblem der Nachkommen Josefs:

> *Josua sprach zum Hause Josef, zu Ephraim und Manasse: Du bist ein großes Volk, und weil du so stark bist, sollst du nicht nur ein Los haben, sondern das Gebirge soll dein sein, wo der Wald ist; dort kannst du roden und er soll dein sein, so weit er reicht; dann wirst du die Kanaaniter vertreiben, obwohl sie eiserne Wagen haben, denn du wirst mächtiger sein als sie.* (Josua 17,17–18)

Den Wald roden und die Kanaaniter vertreiben – so einfach war das. Dies waren die Hausaufgaben für diese Stämme, die Dinge mit der höchsten Priorität. Das Land gehörte ihnen, aber um es in Besitz zu nehmen, mussten sie diese beiden Dinge tun. So wie wir heute.

Wir haben schon in Richter 1 gesehen, dass die Stämme Josuas Anweisung nicht befolgten, und ich kann nur hoffen, dass es bei uns anders sein wird. Schauen wir uns die beiden »Hausaufgaben«, die Josua ihnen da gab, etwas genauer an. Sie waren (und sind) beide absolute Grundvoraussetzungen zum Wachsen.

1. Wir müssen unser Leben von den harmlosen Dingen, die uns Platz wegnehmen, entrümpeln

Der erste Schritt war das Roden des Waldes. Nichts gegen Bäume; sie sind ein schöner und nützlicher Teil von Gottes Schöpfung. Aber wenn sie dort stehen, wo Sie Ihr Haus bauen wollen, dann müssen sie weg.

Die Bäume in Josua 17,18 stehen für die vielen an sich harmlosen, ja sogar guten Dinge, die unseren Alltag füllen. Da sieht jemand gerne ein, dass ein täglicher Termin mit Gott mit Bibellesen und Beten gut für ihn wäre, aber er sagt: »Das geht leider nicht, mein Terminkalender ist schon voll.« Nun, Tatsache ist, dass wir alle die gleiche Menge an Zeit zur Verfügung haben: 24 Stunden am Tag, sieben Tage pro Woche. Tatsache ist auch, dass die meisten Menschen sich für das, was Ihnen wirklich wichtig ist, die nötige Zeit freischaufeln. Wenn Sie nicht genügend Zeit haben, um das zu tun, was Gott von Ihnen will, dann heißt das schlicht, dass Sie einen Teil Ihrer Zeit falsch verwenden. Sie haben genügend Zeit für Gottes Aufgaben; das Problem ist, dass die meisten von uns zu beschäftigt sind, um innerlich zu wachsen.

Jesus hat das Problem in dem Gleichnis vom Sämann beschrieben. Dort heißt es: »Einiges fiel unter die Dornen; und die Dornen wuchsen empor und erstickten's« (Matthäus 13,7). Die Bedeutung dieses Satzes erklärt Jesus in Vers 22: »Bei dem aber unter die Dornen gesät ist, das ist, der das Wort hört, und die Sorge der Welt und der betrügerische Reichtum ersticken das Wort, und er bringt keine Frucht.« Es gibt viele solche Menschen; ihr »Boden« ist derart voll von den Dingen dieser Welt, dass das Wort Gottes keine Chance hat, sich zu entfalten; die Dornen sind stärker.

Soll ich Ihnen etwas verraten? Sie werden nie Zeit für Gott *haben;* Sie müssen sie sich *nehmen.* Und das bedeutet, dass der eine oder andere »Baum« in Ihrem Leben weichen muss. Vielleicht müssen Sie Ihren abendlichen Fernsehkonsum reduzieren, damit Sie morgens früher aufstehen und eine »Stille Zeit« halten können. Dies nur als Beispiel; die »Bäume« in Ihrem Leben sind vielleicht ganz andere; Gott wird Sie Ihnen zeigen, wenn es Ihnen ernst ist mit dem inneren Wachstum.

2. Wir müssen unser Leben von den schädlichen Dingen, die es vergiften, reinigen

Nach den Bäumen die Kanaaniter. Aber halt – warum sich nicht erst um die Kanaaniter kümmern und dann um die Bäume? Sie werden ja wohl nicht höflich zuschauen, wie wir unsere Bäume fällen? Und in der Tat, sie werden sich auf uns stürzen wie ein Rudel hungriger Wölfe. Und doch stimmt die Reihenfolge bei Josua: Rode erst deinen Wald, dann kannst du den Feind vertreiben.

Was meine ich damit? Sie werden nie die Kraft haben, Ihr Leben von seinen schlechten Angewohnheiten und Lieblingssünden zu reinigen, wenn Sie sich nicht zuerst täglich Zeit für einen Termin mit Gott nehmen. Erst die Gemeinschaft mit Gott gibt uns die nötige Kampfkraft. Was war noch das Erste, was Gott den Israeliten bei ihrem Einzug in Kanaan befahl? Richtig, einen Gottesdienst abhalten. Das ist Gottes Reihenfolge: erst beten, dann kämpfen.

Der Same zum Wachsen wohnt in jedem Gläubigen, aber wir müssen uns an Gottes geistliche Wachstumsgesetze halten, wenn dieses Wachsen Wirklichkeit werden soll.

10. Mehr als ein Strohfeuer

Als ich zum ersten Mal Bekanntschaft mit dem »sieghaften Leben« machte, war meine erste Frage: »Wird das auch von Dauer sein?« Ich stellte diese Frage niemandem laut, denn ich hatte Angst, die Antwort schon zu wissen. Seit meiner Bekehrung hatte ich schon etliche geistliche Hochs erlebt, bei denen ich jedes Mal dachte: »Das ist es! Jetzt hab ich's!« (Was immer »es« auch war.) Aber jedes dieser Erlebnisse entpuppte sich als Rohrkrepierer: Willkommen zu Hause im finsteren Tal. Und jedes Mal wurde das Tal noch ein bisschen tiefer, noch ein bisschen dunkler und eine ganze Menge trockener.

Ich war es so satt, schwere Wassereimer an den Brunnen anderer Christen zu füllen. Jesus hatte mir doch meinen eigenen Brunnen mit lebendigem Wasser versprochen. Aber wo sollte ich graben?

Wird das auch von Dauer sein? Vielleicht treibt auch Sie diese Frage um. Vielleicht geht es Ihnen so wie jenem Studenten, der mir sagte: »Mit euch Predigern bin ich fertig! Jeder hat eine andere Erfolgsformel für das geistliche Leben. Ich hab sie alle ausprobiert und wissen Sie was? Sie taugen alle nichts! Es hält nie an. Zwei, drei Wochen, und aus der Traum! Ich habe diese Tretmühle satt!«

Er war nicht böse, nur ehrlich. Und ich wusste genau, wie er sich fühlte. Aber es muss nicht so sein. Das Echte ist von Dauer – wenn wir denn begreifen, dass es im Christenleben keine »Schnellrezepte« gibt, keine Patentlösung, die sämtliche Probleme für immer löst, kein schönes Einmal-Erlebnis, das einem den Weg zur Reife abkürzt.

Eine Frage, viele Antworten

Also noch einmal: »Wird das auch von Dauer sein?« Die Antwort ist: Ja und nein. Erschrecken Sie jetzt nicht wegen des Neins; es ist nicht so schlimm, wie es aussieht, ja es ist sogar nötig, wenn es ein Ja geben soll.

Was ist nicht von Dauer? Das gegenwärtige Maß unserer Hingabe. Und was ist von Dauer? Dass unsere Hingabe immer tiefer werde.

Nehmen wir zunächst unsere gegenwärtige Hingabe. Als der Heilige Geist mich mit der Herrschaft Christi in meinem Leben und seiner Verheißung des täglichen Sieges konfrontierte, antwortete ich mit der totalen Übergabe meines Lebens. Nach meinem besten Wissen und Gewissen hatte Gott mich jetzt mit Haut und Haaren. Es war eine totale Hingabe – und doch war sie nicht vollständig.

Die beiden Vorbedingungen der Hingabe sind: a) Selbsterkenntnis und b) Gotteserkenntnis. Wenn wir uns Gott hingeben, übergeben wir alles, was uns über uns bewusst ist, an alles, was wir über ihn wissen, und solch eine Hingabe kann total und doch unvollständig sein. Warum das? Weil sie durch unser Wissen (die erwähnte Selbsterkenntnis und die Gotteserkenntnis) begrenzt ist. Da dieses Wissen unvollständig ist, muss auch unsere Hingabe unvollständig sein. Das ist der Grund, warum unsere gegenwärtige Hingabe nicht so bleiben kann, ja nicht so bleiben darf. F. B. Meyer schreibt in seinem Josua-Kommentar: »Wir mögen in einer feierlichen Stunde der Lebensübergabe ein für alle Mal den Tod wählen, aber wir erkennen erst allmählich, was dies alles bedeutet.«[1]

Die Zeit und unsere Erfahrung enthüllen uns immer wieder neue Dinge über uns selbst und über Gott und dann müssen wir diese Dinge unter seine Herrschaft bringen. Die fortschreitende Selbsterkenntnis kann ein schmerzlicher

Prozess sein. Da sonnen wir uns in unserem Sieg, sind sicher, dass jetzt aber ganz bestimmt jede Sünde, jeder Fehler, jede unchristliche Angewohnheit unter dem Fuß unseres Erlösers zertreten sei – und dann erscheint plötzlich wieder ein Unkraut aus dem alten Leben. Da wächst es aus der Erde heraus, als hätten wir es sorgfältig gepflanzt und gegossen. Ein alter Groll, der längst vergessen schien, eine Gewohnheit, die wir für erledigt hielten, was auch immer.

Was ist geschehen? Bedeutet dies, dass unser Erlebnis mit Gott falsch war, unser Sieg eine Illusion? Nein, überhaupt nicht. Es ist schlicht eine der Methoden, mit denen Gott unsere Hingabe vertieft. Er weiß, was für Ungeheuer in unserem Herzen lauern, und so bringt er sie ans Licht, damit wir uns um sie kümmern können. Hören wir noch einmal auf F. B. Meyer: »Erst wenn das hellere Licht des Himmels auf uns fällt, erkennen wir das wahre Wesen so mancher Dinge, die wir für harmlos hielten und die uns lieb und wert waren.«[2]

Wir entdecken auch, dass die Herrschaft Christi ein viel größeres Territorium abdeckt, als wir zunächst glaubten, und jede dieser Entdeckungen erfordert eine Auffrischung unserer Hingabe an ihn. Wenn der Sieg in unserem Christenleben von Dauer sein soll, dann ist es unbedingt erforderlich, dass wir unsere Hingabe gleichsam stets auf dem neuesten Stand halten. Wie dies funktioniert, zeigt Paulus uns sehr schön in Römer 6,17: »Gott sei aber gedankt, dass ihr Knechte der Sünde *gewesen* seid, aber nun von Herzen gehorsam geworden der Gestalt der Lehre, der ihr ergeben seid.« Die Wendung »der ihr ergeben seid« bedeutet wörtlich »der ihr übergeben worden seid«. Und das mit »Gestalt« übersetzte Wort meint eigentlich eine Gussform. Paulus sagt, dass wir der prägenden Form der christlichen Lehre übergeben worden sind.

Vor etlichen Jahren ließ mein Vater auf unserer Familien-

»Farm« in Arkansas einen Tennisplatz anlegen. Nachdem sie den Boden vorbereitet hatten, bauten die Arbeiter aus einigen alten Holzlatten eine Gussform. Diese Form hatte exakt die gleiche Form und Größe wie der Tennisplatz; sie war natürlich nicht der Platz selber, nur die Form. Als sie fertig war, kam ein Betonmischer und goss den Zement in die Form. Und wissen Sie, was der Zement machte? Er gehorchte der Form und verteilte sich genau so, wie sie es vorgab. Als er hart geworden war, hatte er genau die Gestalt, die nach der Verschalung zu erwarten gewesen war.

Ganz ähnlich hat Gott eine Gussform der Wahrheit für uns – sein Wort. Er »gießt« uns immer wieder neu in diese Form hinein, und wie der Zement, so sollen auch wir der Form gehorchen, sodass sie die Gestalt unseres Lebens bestimmt; wenn es fertig ist, soll es genau so aussehen, wie die Form vorgegeben hat.

Gott offenbart uns nicht die ganze Wahrheit auf einmal; das könnten wir nicht ertragen. Er zeigt sie uns portionsweise. Zuerst füttert er uns mit Milch, später dann mit Fleisch. Und das ist der Grund, warum unsere jetzige Hingabe, egal, für wie vollkommen wir sie halten, nicht von Dauer sein kann.

Neue Generation, alte Götter

In der Abschiedsrede des alten Josua an das Volk steht ein hochinteressanter Satz: »So fürchtet nun den HERRN und ... lasst fahren die Götter, denen eure Väter gedient haben jenseits des Euphratstroms und in Ägypten« (Josua 24,14). *Lasst fahren die Götter Ägyptens!* Aber die gesamte Generation, die aus Ägypten ausgezogen war, mit Ausnahme von Josua und Kaleb, war doch in der Wüste gestorben! Die Menschen, zu denen Josua hier sprach, waren in der Wüste geboren und aufgewachsen; Ägypten kannten sie nur vom Hörensagen. Aber diese Menschen, die nie in Ägypten gewesen waren, hatten Spuren von Ägypten in ihrem Leben. Eine ganze Generation trennte sie von Ägypten, aber Ägypten war immer noch eine Realität in ihrem Leben. Man sollte meinen, dass nach den vierzig Wüstenjahren das ägyptische Unkraut ein für alle Mal verdorrt sei. Aber Josua wusste, dass in seinem Volk nach wie vor ein starker Hang zum Götzendienst war. Er spürte es, das heimlich weiterschwelende Feuer, das jederzeit wieder lichterloh aufflammen könnte.

Egal, wie lange Sie schon ein Christ sind, egal, wie lange Sie schon im Land des Sieges wohnen, das Unkraut des alten Lebens ist immer noch da. Die Götter Ägyptens versuchen heimlich, still und leise, wieder Wurzeln in Ihrem Leben zu schlagen. Wenn das geschieht, müssen Sie sich entscheiden: Will ich sie entschlossen packen und ausreißen und von Christus zertreten lassen? Wenn ja, wird Ihre Hingabe an ihn anschließend vertieft sein. Aber wenn Sie die alten Götter gewähren lassen, werden Sie bald wieder zurück in der Wüste der Niederlage sein und leise stöhnen: »Das war mal wieder nichts.«

Schauen wir uns jetzt die andere Seite der Münze an, die immer neue Vertiefung unserer Hingabe. Wenn wir begriffen haben, dass wir nicht auf dem gegenwärtigen Niveau unserer Hingabe stehen bleiben können, kann Gott uns nach und nach zu neuen Höhen der Hingabe führen. Wir werden in unserem Christenleben immer wieder Prüfungen und Versuchungen erleben, in denen sich unsere ursprüngliche Lebenshingabe an Gott bewähren muss. Habe ich wirklich alles gemeint, als ich sagte: »Herr, ich gebe dir alles hin«? Unser Gegner, der Teufel, ist ein schlechter Verlierer und nach jedem Sieg, den wir in Christus erleben, startet er eine Gegenoffensive, die unsere Christushingabe auf die Probe stellt. Solche Konfrontationen machen uns letztlich offener für Gott. Wir sollten sie daher nicht so sehr als Plage betrachten denn vielmehr als Ruf Gottes in eine noch tiefere Hingabe.

Der Schlüssel für ein dauerhaft sieghaftes Leben ist also die stetige Pflege und Vertiefung meiner Hingabe. Dies ist das Vermächtnis des greisen Kriegers Josua in Kapitel 24 des nach ihm benannten Buches. Nur eine immer neue und immer tiefere Hingabe an Gott kann garantieren, dass die Israeliten in dem Land, das sie erobert haben, auf Dauer bleiben können. Der Besitz Kanaans darf ihnen nie zu einer Selbstverständlichkeit werden. Genauso dürfen wir unseren Sieg in Christus nie für selbstverständlich nehmen. Auch wir können das Land der Verheißung wieder verlieren.

Vers 14 ist das Herz von Josuas Botschaft. Er enthält drei Aufforderungen – Aufforderungen, die uns dann, wenn wir sie befolgen, den Weg hinein in ein dauerhaftes Leben des Sieges in Christus öffnen: »So fürchtet nun den HERRN und dient ihm treulich und rechtschaffen und lasst fahren die Götter, denen eure Väter gedient haben jenseits des Euphratstroms und in Ägypten, und dient dem HERRN.«

»Fürchtet den Herrn«

Dies ist die Grundeinstellung, die Gott in jedem Herzen sucht. »Den HERRN fürchten«, diese Worte fassen zusammen, was Gott von dem alttestamentlichen Gläubigen erwartete. Die Gottesfurcht ist im Alten Testament das, was der Glaube im Neuen ist. Wenn Josua in der Sprache des Neuen Testaments gesprochen hätte, er hätte gesagt: »Glaubt an den HERRN.« Wie der Glaube, so sollte auch die Ehrfurcht das Leben jedes Christen durchziehen und prägen.

Nehmen Sie an einem freien Nachmittag einmal eine Bibelkonkordanz zur Hand und schlagen Sie sämtliche Einträge zu den Ausdrücken »Furcht Gottes« und »fürchten« nach. Sie werden staunen, wie wichtig Gott dieses Thema ist. Hier nur ein paar Beispiele:

- Der HERR ist denen Freund, die ihn fürchten; und seinen Bund lässt er sie wissen. (Psalm 25,14)
- Wie groß ist deine Güte, HERR, die du bewahrt hast denen, die dich fürchten, und erweisest vor den Leuten denen, die auf dich trauen! (Psalm 31,20)
- Siehe, des HERRN Auge achtet auf alle, die ihn fürchten, die auf seine Güte hoffen. (Psalm 33,18)
- Er segnet, die den HERRN fürchten, die Kleinen und die Großen. (Psalm 115,13)
- Der HERR hat Gefallen an denen, die ihn fürchten, die auf seine Güte hoffen. (Psalm 147,11)

Aber es gibt in uns etwas, was instinktiv dagegen aufbegehrt, Gott zu fürchten. Das Christentum ist doch eine Religion der Liebe und nicht der Angst! Wie können wir uns vor jemandem fürchten, der uns liebt und den wir lieben? Dieser scheinbare Widerspruch löst sich auf, wenn wir bedenken, dass es verschiedene Arten von Furcht gibt.

Als erstes die *abergläubische* Furcht, die die Frucht der Unwissenheit ist. Dies ist die Art Furcht, die dreimal auf Holz klopft und Angst vor schwarzen Katzen und der Zahl 13 hat. Solche Furcht ist dem christlichen Glauben fremd.

Doch leider gibt es viele Menschen, ja sogar Christen, die von dieser Furcht infiziert sind. Auf einer Konferenz, auf der ich sprach, wollte ein Amtsbruder gerne ein paar Kassetten von mir kaufen, die zusammen 13 Dollar kosteten. Er fragte mich, ob er mir einen Scheck über 12 Dollar geben und den einen Dollar schulden könne. Ich wollte wissen, warum, und er sagte, er habe Angst, dass ihm ein Scheck über 13 Dollar Unglück bringen könnte. Ich traute meinen Ohren nicht. Dies war ein ordinierter Pastor und die Kassetten, die er wollte, waren biblische Studien über den Teufel, die Dämonen und den Okkultismus. Ich war drauf und dran, ihm die Kassetten zu schenken (er schien sie dringend zu brauchen), aber dann sagte ich: »Ich mache Ihnen einen Vorschlag. Schreiben Sie 14 Dollar auf den Scheck und *ich* schulde *Ihnen* einen Dollar.« Was er auch prompt tat.

Es gibt traurige Kapitel der Kirchengeschichte, in denen große Teile der Christenheit im Wesentlichen Hochburgen des Aberglaubens waren, die statt des Evangeliums der Erlösung ein Evangelium der Angst predigten. Doch auch heute noch trifft man auf Christen, die Gottesfurcht mit Aberglauben verwechseln. Als ich am Flughafen Charles de Gaulle in Paris mit einer Reisegruppe amerikanischer Christen auf die Maschine nach Genf wartete, entdeckte einer, dass unsere Flugnummer 666 war. Wir waren nicht weit von einer offenen Meuterei entfernt, als mehrere aus der Gruppe verlangten, dass wir auf den nächsten Flug warteten ...

Und dann war da noch der Gemeindemitarbeiter, der mir in vollem Ernst berichtete, dass bei mehreren Veranstaltungen, an denen er teilgenommen habe, nichts herausgekommen sei, weil der Pastor der Gemeinde ein Auto der Marke »Plymouth Dämon« gefahren habe.

Diese Art von Furcht ist ganz sicher nicht »der Weisheit Anfang« (Sprüche 9,10).

Zweitens gibt es die *sklavische* Furcht, die eine übermäßige Angst vor dem Bestraftwerden ist. Diese Furcht sieht in Gott einen grausamen, launischen Tyrannen. Aber wir sollen Gott nicht so fürchten wie ein Sklave einen sadistischen Herrn, der jedes Mal, wenn dieser ihn kommen lässt, vor Angst zittert. Sklavenfurcht bringt keine treuen und liebenden Diener hervor.

Und schließlich gibt es die *biblische* oder *kindliche* Furcht, die ihre Wurzeln in Liebe hat. Es ist die ehrfürchtige Einstellung, die ein gutes Kind zu seinen Eltern hat. Es ist eine gesunde Ehrfurcht, die den Vater nicht verärgern oder traurig machen möchte, sondern ihm zu gefallen sucht. Diese kindliche Furcht gibt es auch bei Erwachsenen. Ich habe z. B. eine Frau und mehrere Kinder, die Gott mir geschenkt hat und die ich von ganzem Herzen liebe. Sie sind das Wertvollste, was ich in diesem Leben habe, und der bloße Gedanke, durch ein unwürdiges Verhalten ihr Vertrauen zu missbrauchen oder ihre Achtung zu verlieren, ist mir unerträglich.

Das ist kindliche Ehrfurcht, die Liebe, mit der wir »den Herrn fürchten« sollen, und zu ihr gehören drei Dinge. Erstens: dass wir Gott nicht vergessen. Wenn wir uns an den gedeckten Tisch setzen, sollten wir uns daran erinnern, dass es ja Gott ist, der uns das Essen gegeben hat. Wenn die nächste Gehaltszahlung auf unserem Konto eingegangen ist, sollten wir daran denken, dass es Gott ist, der uns unsere Gesundheit und Arbeitskraft gibt. Wenn wir uns abends schlafen legen, sollten wir dies in dem Wissen tun, dass unser Leben in Gottes Gnadenhand liegt. Entweder wir fürchten ihn oder wir vergessen ihn.

Den Herrn fürchten heißt weiter, ihn verehren, seine Heiligkeit hochhalten und diese Heiligkeit in allem, was wir tun, widerspiegeln. Es ist diese Ehrfurcht des Herzens, die Menschen dazu bringt, Gott anzubeten.

Ein klassisches Beispiel dieser Ehrfurcht finden wir bei der Stillung des Sturms in Markus 4. Als die Jünger über den See Genezareth fahren, kommt ein heftiger Sturm auf. Die Jünger bekommen es mit der Angst zu tun, aber Jesus schläft. Sie wecken ihn und rufen: »Meister, ist es dir egal, dass wir umkommen?« Jesus stillt den Sturm und dann sagt er den Jüngern: »Warum habt ihr solche Angst? Habt ihr immer noch keinen Glauben?« Jesus tadelte ihre Furcht, die eine elende, panische Angst war. Aber hören wir, wie es im nächsten Vers weitergeht: »Sie aber fürchteten sich sehr und sprachen untereinander: Wer ist der? Auch Wind und Meer sind ihm gehorsam!« (Markus 4,41)

Die Jünger zeigen hier zwei ganz verschiedene Arten von Furcht. Die erste wird von dem Sturm verursacht und von Jesus verurteilt. Die zweite folgt auf Jesu Stillung des Sturms, dieser so majestätischen Demonstration seiner Vollmacht. Sie ist groß (sie fürchteten sich »sehr«), aber Christus verurteilt sie nicht, denn sie ist die anbetende Ehrfurcht. Christi Vollmacht über den Wind und die Wellen erfüllte seine Jünger mit einer neuen Achtung vor ihrem Meister.

Als der alte Evangelist Gipsy Smith gefragt wurde, was das Geheimnis seines langen, erfüllten Christenlebens sei, antwortete er: »Ich habe nie das ehrfürchtige Staunen verlernt.«

Den Herrn fürchten – das bedeutet nicht zuletzt auch, seine Autorität in meinem Leben anzuerkennen. Gott fürchten heißt ihm gehorchen. Die Israeliten antworteten damals auf Josuas Aufruf: »Wir wollen dem HERRN, unserm Gott, dienen und seiner Stimme gehorchen« (Josua 24,24). Schon der alte Mose hatte klar gemacht, dass Gottesfurcht und Gehorsam untrennbar zusammengehören: »... damit du dein Leben lang den HERRN, deinen Gott, fürchtest und alle seine Rechte und Gebote hältst, die ich dir gebiete, du und deine Kinder und deine Kindeskinder, auf dass du lange lebest« (5. Mose 6,2).

Gott fürchten heißt anerkennen, dass er das Recht hat, uns seine Befehle zu erteilen, ist er es doch, der uns geschaffen und erlöst hat und uns täglich erhält. Diese Tatsachen waren die Basis des Aufrufes Josuas an das Volk. Die ersten 13 Verse von Josua 24 sind ein wunderbares Panorama der Wunder, die Gott für sein Volk getan hatte. Wer könnte ihm da noch die Ehrfurcht verweigern? Wer sonst wäre es wert, dass man ihn anbetete und ihm gehorchte?

»Dient dem Herrn«

In dieser Aufforderung und der folgenden (»Lasst fahren«) gewinnt die Gottesfurcht gewissermaßen Gestalt. Die Furcht Gottes zeigt sich in dem Dienst für Gott und in der Trennung von anderen Göttern.

Dem Herrn dienen – das ist sozusagen die positive Konsequenz der Gottesfurcht. Man beachte, dass Dienen mehr beinhaltet als für Gott arbeiten. Das hebräische Wort bedeutet »Ehrerbietung erweisen« und beinhaltet den Gedanken der Arbeit und den der Anbetung. Es impliziert, dass man einen Anspruch anerkennt und Treue gelobt. Wenn ich Gott diene, zeige ich damit, dass ich seinen Anspruch auf mein Leben, meine Liebe und meine Loyalität anerkenne und ihn als meinen alleinigen Herrn betrachte.

Ganz Gottes sein – das war es, was Josua meinte, als er die Israeliten zum Dienst für Gott aufrief. Es ging nicht nur um das Dienen an sich, sondern vor allem darum, *wem* dieser Dienst gelten würde. Dass die Israeliten irgendeinem Herrn dienen würden, war klar. Alle Menschen dienen einem Gott; die Frage ist nur, welchem Gott.

Wählt euch heute, wem ihr dienen wollt: den Göttern, denen eure Väter gedient haben jenseits des Stroms, oder den Göttern der Amoriter, in deren Land ihr wohnt. Ich aber und mein Haus wollen dem HERRN dienen. (Josua 24,15)

»Wählt euch heute, wem ihr dienen wollt.« Die Wurzelbedeutung des hebräischen Wortes »wählen« ist »sich etwas genau anschauen«; es geht um ein prüfendes Begutachten oder Testen. Die Wahl gründet sich also auf eine eingehende Prüfung und wird nicht leichthin oder blindlings getroffen. Gott hat keine Angst davor, mit anderen Göttern verglichen zu werden. In 2. Mose 8,6 erklärt Mose dem Pharao, dass Gott demonstrieren will, dass es keinen anderen Gott wie ihn gebe. Mose verspricht, die Froschplage zu beenden, »auf dass du erfahrest, dass niemand ist wie der HERR, unser Gott«.

Nach dem Durchzug durchs Schilfmeer singen Mose und die Kinder Israel: »HERR, wer ist dir gleich unter den Göttern? Wer ist dir gleich, der so mächtig, heilig, schrecklich, löblich und wundertätig ist?« (2. Mose 15,11) Der Psalmist erklärt: »Herr, es ist dir keiner gleich unter den Göttern, und niemand kann tun, was du tust.« (Psalm 86,8)

Doch der unerreichte Meister im Vergleichen der Götter ist der Prophet Jesaja. Nach einer mitreißenden Beschreibung des Gottes Israels und seiner Werke ruft er aus: »Mit wem wollt ihr denn Gott vergleichen? Oder was für ein Abbild wollt ihr von ihm machen?« (Jesaja 40,18) Und erneut: »Mit wem wollt ihr mich also vergleichen, dem ich gleich sei?, spricht der Heilige.« (Jesaja 40,25)

Jesaja 46 ist ein klassisch gewordener ironischer Vergleich zwischen den falschen Götzen der Babylonier und dem wahren Gott Israels. Der Prophet beschreibt darin unter anderem die Versuche der Babylonier, ihre Götter vor den einmarschierenden Persern zu retten: »Bel bricht zusammen, Nebo ist gefallen, ihre Götzenbilder sind den Tieren und dem Vieh aufgeladen, dass sie sich müde tragen an dem, was eure Last war. ... Sie heben ihn auf die Schultern und tragen ihn und setzen ihn nieder an seine Stätte, dass er stehe und nicht von seinem Ort rücke« (Jesaja 46,1.7). Ein falscher Gott muss von seinen Dienern getragen werden und ist durch ihre Kraft begrenzt.

Doch nicht so der wahre Gott, der Gott Israels: »Hört mir zu, ihr vom Hause Jakob und alle, die ihr noch übrig seid vom Hause Israel, die ihr von mir getragen werdet von Mutterleibe an und vom Mutterschoße an mir aufgeladen seid: Auch bis in euer Alter bin ich derselbe, und ich will euch tragen, bis ihr grau werdet. Ich habe es getan; ich will heben und tragen und erretten.« (Jesaja 46,3–4) Der wahre Gott braucht niemanden, der ihn trägt, ja er trägt sein Volk, und wenn dieses Volk ermattet, schwächt ihn das in keiner Weise.

> *Wem wollt ihr mich gleichstellen, und mit wem vergleicht ihr mich? An wem messt ihr mich, dass ich ihm gleich sein soll?* (Jesaja 46,5)

»Bringt mir eure besten Götter«, fordert Gott uns heraus, »und ich schlage sie alle.« Er weiß genau, wie der große Göttervergleich ausgehen wird.

So wie Israel von den Göttern der Babylonier und Ägypter und Amoriter umworben wurde, so wetteifern heute Hunderte falscher Götter um unsere Aufmerksamkeit. Jeden Tag müssen wir uns mehrfach entscheiden, wem wir dienen wollen: unserem alten Ich, dem Sex, der Gier, der Rache, dem Ehrgeiz – oder dem Gott unseres Herrn Jesus Christus. Die Frage ist nicht, *ob* wir einem Gott dienen, sondern *wem* wir dienen.

Und dieser Dienst hat »rechtschaffen« zu sein (Josua 24,14). Im Hebräischen ist mit diesem Wort der Ausdruck verwandt, der in der Lutherbibel mit »ohne Fehl« übersetzt wird. Die Opfertiere der Israeliten mussten »ohne Fehl« sein, d. h. vollständig und ohne Makel. Die inneren und die äußeren Qualitäten mussten in Übereinstimmung sein. So sollte auch unser Dienst für Gott unsere innere Hingabe widerspiegeln. Es sollte nicht so sein, wie der Prophet es in Jesaja 29,13 beschreibt: »Und der Herr sprach: Weil dies Volk mir naht mit seinem Munde und mit seinen Lippen mich ehrt, aber ihr Herz fern von mir ist und sie mich fürchten nur nach Menschengeboten, die man sie lehrt ...«

Der Dienst hat ferner »treulich« zu sein (vgl. Josua 24,14). Das gleiche hebräische Wort finden wir in Josua 2,12, wo die Hure Rahab von den Kundschaftern ein »sicheres« (Elberfelder: »zuverlässiges«) Zeichen fordert. In dem Wort schwingen »Festigkeit«, »Treue«, »Gewissheit« mit. Dem Herrn treulich dienen, das heißt, ihm mit einer entschlossenen Loyalität begegnen, auf die immer und überall Verlass ist.

Unser Dienst muss persönlich sein und einer bewussten Wahl entspringen. Josua sagte: »Ich aber und mein Haus wollen dem HERRN dienen« (Josua 24,15). Egal, was die anderen machen, egal, welchen Göttern sie dienen, ich will dem Herrn dienen, sagt Josua. Wir müssen bereit sein, weder nach links noch nach rechts zu schauen. Ich muss hier an die Frage denken, die Petrus dem auferstandenen Jesus in Johannes 21,21 stellt. Jesus hat den gefallenen Apostel wieder in sein Amt eingesetzt und ihm befohlen: »Folge mir nach!« Plötzlich sieht Petrus, wie Johannes hinter ihnen hergeht, und fragt: »Herr, was wird aber mit diesem?« Jesus lässt sich nicht ablenken: »Wenn ich will, dass er bleibt, bis ich komme, was geht es dich an? Folge du mir nach!« (Johannes 22,22) Wie damals Petrus, so zögern auch wir, wollen wissen, was unsere Freunde tun, welche Götter sie wählen. »Was geht es dich an? Folge du mir nach!«

Wem gehört mein Leben?

Das neutestamentliche Gegenstück zu Josuas Aufforderung sind Paulus' Worte in 1. Korinther 6,19–20: »Oder wisst ihr nicht, dass euer Leib ein Tempel des Heiligen Geistes ist, der in euch ist und den ihr von Gott habt, und dass ihr nicht euch selbst gehört? Denn ihr seid teuer erkauft; darum preist Gott mit eurem Leibe.«

Diese beiden Verse nehmen eine strategische Stellung im sieghaften Leben ein. Die Christen in Korinth waren von der fleischlichen Sorte. Obwohl Paulus sie in seiner Brieferöffnung als »Heilige« bzw. »Geheiligte« anredet (1. Korinther 1,2), nennt er sie später »fleischlich« – Christen, die sich glatt wie Heiden benehmen (1. Korinther 3,1–4). Paulus' Aufgabe: diese Christen geistlicher zu machen. Und seine Strategie ist, dass er sie mit klaren Worten daran erinnert, dass sie mit dem Blut Christi erkauft sind und damit ihm als ihrem neuen Herrn gehören.

Ich bin überzeugt, dass viele Menschen nur deswegen an die Bibel glauben, weil sie nicht wissen, was die Bibel sagt. Wussten Sie schon, dass Sie als Christ nicht sich selbst gehören? Das ist nicht eine religiöse Redeweise, das ist die objektive Wahrheit. Christus hat uns mit seinem Blut als sein Eigentum erkauft; wir gehören ihm mit Haut und Haaren. Wir haben kein Recht mehr auf ein eigenes Leben, weil unser Leben nicht mehr uns gehört, sondern Christus. Der Christ hat streng genommen keinerlei persönlichen Rechte; er ist Sklave Jesu Christi, und sein einziges Recht besteht darin, seinem Herrn zu gefallen.

Die Korinther dachten, dass sie so leben könnten, wie es ihnen passte. Sie hatten nicht begriffen, dass sie ja gar nicht mehr sich selbst gehörten. Genau das ist die Definition des »fleischlichen« Christen: ein Christ, der meint, ein Recht auf ein eigenes Leben zu haben.

Wenn wir nun Christi Eigentum sind, so Paulus weiter, dann sollten wir unseren Leib ausschließlich zu seiner Ehre einsetzen. Unser Leben hat ein Werkzeug des Willens Gottes zu sein, ein Schaufenster seiner Herrlichkeit.

Beachten Sie die logische Abfolge der Argumentation des Paulus: 1. Ihr gehört nicht euch selbst. 2. Ihr seid ein Tempel des Heiligen Geistes. 3. Darum macht Gott mit eurem Körper Ehre.

Ich habe mir dazu die folgenden Merksätze formuliert:

Ich muss begreifen, dass ich Jesus gehöre.
Ich muss bejahen, dass er in mir wohnt.
Ich muss annehmen, was er mit mir will.

»Lasst die Götter fahren«

Dies war das Dritte, wozu Josua die Israeliten aufrief: »Lasst fahren die Götter, denen eure Väter gedient haben jenseits des Euphratstroms und in Ägypten« (Josua 24,14). Womit wir bei dem »negativen« Aspekt der Gottesfurcht wären.

Die Antwort des Volkes kam prompt: »Da antwortete das Volk und sprach: Das sei ferne von uns, dass wir den HERRN verlassen und andern Göttern dienen! ... Darum wollen wir auch dem HERRN dienen; denn er ist unser Gott« (Josua 24,16.18).

Für Josuas Geschmack war die Antwort ein wenig zu schnell, denn in Vers 19 lesen wir: »Josua sprach zum Volk: Ihr könnt dem HERRN nicht dienen; denn er ist ein heiliger Gott, ein eifernder Gott, der eure Übertretungen und Sünden nicht vergeben wird.« Dieser Veteran Gottes hatte einen siebten Sinn für übereilte gute Vorsätze. Mit seinen harten, ja abstoßenden Worten wollte er den Israeliten die Augen dafür öffnen, wie ernst ihr Gelöbnis war. Gott nimmt unsere Gelübde ernst, egal, ob wir selber das auch tun oder nicht.

Aber das Volk wiederholt, dass es dem Herrn dienen wolle, und mit seiner Aufforderung in Vers 14 sagt Josua ihnen praktisch: »Nun gut, beweist eure Hingabe. Tut etwas, was euer Gelübde demonstriert. Tut die fremden Götter aus eurer Mitte. Reinigt eure Häuser und Herzen. Werft alles hinaus, was eurer Hingabe zu Gott im Wege steht.«

Die leichtfertigen Gelübde begleiten die Kirchengeschichte wie ein dunkler Schatten. Jesus war strikt gegen sie
und ist das noch heute. Er kann keine Soldaten brauchen, die
sich seiner Armee aus den falschen Motiven anschließen.

Wie man es macht

Wie oben schon erwähnt, sind alte Götter wie Unkraut, das
Jahr für Jahr wieder hochwächst. Sie haben mehr Leben als
eine Katze und die Anhänglichkeit von Kletten. Wie können
wir uns gegen sie wehren?

Der gute alte Josua – wie gut verstand er doch das menschliche Herz. Und so ergänzt er seine Aufforderung, die alten
Götter fahren zu lassen, durch eine zweite, mit der er zeigt,
wie man die erste Aufforderung wirkungsvoll in die Tat umsetzen kann: »So tut nun von euch die fremden Götter, die
unter euch sind, *und neigt euer Herz zu dem HERRN, dem
Gott Israels*« (Josua 24,23).

»Neigt euer Herz zu dem Herrn.« Die meisten Bibelaus-
leger gehen davon aus, dass die »fremden Götter«, von denen Josua hier redet, nicht regelrechte Götterfiguren aus
Holz, Stein oder Metall waren. Diese materiellen Darstel-
lungen hatten die Israeliten wahrscheinlich schon längst ver-
nichtet. Aber die Götter, für die sie standen, besaßen immer
noch Brückenköpfe in den Herzen der Israeliten. Es waren
keine steinernen Götzen, sondern Götzen des Herzens.

Josua wusste, dass das Hauptproblem das menschliche
Herz war. Es reichte nicht, die alten Götter fahren zu lassen,
sondern gleichzeitig war eine Ausrichtung des Herzens auf
den einen wahren Gott nötig. Das mit »neigen« übersetzte
hebräische Wort hat die Grundbedeutung »ausstrecken«,
»hinhalten«, »biegen«. Es ist das Wort des Psalmisten, wenn
er betet: »Neige mein Herz zu deinen Mahnungen« (Psalm

119,36), mit der Bedeutung: »Lass mich all meine Gedanken in diese eine Richtung biegen.«[3] Jeremia fordert seine Zeitgenossen wiederholt auf, ihr Ohr Gott »zuzukehren« (Jeremia 7,24.26; 11,8; 17,23), also seiner Stimme zu gehorchen.

Josua sagt hier, dass es sinnlos ist, die bösen Geister aus dem Haus zu treiben, wenn das Haus anschließend leer ist. Das Loch, das die falschen Götter in unserem Herzen hinterlassen, muss schnell mit etwas anderem gefüllt werden. Nur wenn wir unser Herz immer wieder neu zu Gott hinbiegen und ausstrecken und sein Wort und seinen Willen an die erste Stelle setzen, werden wir sicher vor den Gegenoffensiven des Feindes sein.

Wird das auch von Dauer sein? Ich habe die wunderbare Entdeckung gemacht, dass echte Frömmigkeit von Dauer ist, und nicht nur das, sondern sie wächst und wird immer größer. Ich brauche heute nicht mehr mit meinen Eimern zu den Brunnen anderer Christen zu gehen, denn Jesus hat mir einen artesischen Brunnen geschenkt, der weder Seil noch Eimer braucht. Sein lebendiges Wasser sprudelt mir als Quelle entgegen. Dieser Brunnen trocknet nie aus. In den Jahren, nachdem ich ihn entdeckt hatte, bin ich durch eine Wüste gegangen, in er es kein Wasser und keine Blumen gab und wo die lieben alten Stimmen verstummt waren, aber der Brunnen war immer da. Enttäuschungen, gebrochene Herzen, Krankheit und Tod – alles hat er überstanden und heute ist meine Gemeinschaft mit Jesus und meine Freude in ihm tiefer als je zuvor. Und morgen wird sie noch tiefer sein.

Kennen Sie die Geschichte von den beiden Kreuzfahrtpassagieren? Sie standen an der Reling und sahen auf den Ozean hinaus und der eine sagte: »Mann, schau dir das viele Wasser an!« Worauf der andere antwortete: »Ja, und das ist nur die Oberfläche!« Auch in unserem Christenleben, diesem Leben des Sieges, kratzen wir letztlich nur die Oberfläche an. Jesus ist größer und tiefer und reicher, als wir das auf dieser Erde je erfahren können, und die ganze Ewigkeit lang werden wir mehr und noch mehr trinken dürfen aus dem unausschöpflichen Brunnen seiner Gnade.

Das Buch ist zu Ende, unsere Lebensreise nicht. Wie es sein wird, wenn auch sie zu Ende ist? Das folgende Lied gibt eine kleine Andeutung.

Wenn nach der Erde Leid, Arbeit und Pein
ich in die goldenen Gassen zieh ein,
wird nur das Schaun meines Heilands allein
Grund meiner Freude und Anbetung sein.

Das wird allein Herrlichkeit sein,
das wird allein Herrlichkeit sein,
wenn frei von Weh ich sein Angesicht seh,
wenn frei von Weh ich sein Angesicht seh!

Wenn dann die Gnade, mit der ich geliebt,
dort eine Wohnung im Himmel mir gibt,
wird doch nur Jesus und Jesus allein
Grund meiner Freude und Anbetung sein.

Dort vor dem Throne im himmlischen Land
treff ich die Freunde, die hier ich gekannt;
dennoch wird Jesus und Jesus allein
Grund meiner Freude und Anbetung sein.

Hedwig von Redern, nach einem Lied
von Charles Hutchinson Gabriel

Anmerkungen zu Kapitel 10

1 F. B. MEYER, *Joshua* (Christian Literature Crusade, 1977), S. 204.

2 Ebenda.

3 H. C. LEUPOLD, *Exposition of Psalms* (The Wartburg Press, 1959), S. 831.

Weitere Bücher von Ronald Dunn in der Reihe »Johannis Glaubensschritte«

Wird Gott mich heilen?

ISBN 3-501-01301-9
TELOS-Paperback 72404
240 Seiten

Warum habe ich Krebs? Warum musste mein Kind sterben? Warum heilt Gott mich nicht? Glaube ich nicht genug? Oder will Gott mich bestrafen?

In einer Zeit, wo Gesundheit alles ist, wird auch unter Christen das Kranksein zum Makel. Kann ein »richtiger« Christ überhaupt krank werden? Ist Jesus nicht auch für unsere Krankheiten gestorben? Darf ein Christ medizinische Hilfe suchen oder ist das ein Zeichen von Unglauben?

Ronald Dunn kennt Krankheit und Leiden, aber auch Heilungswunder aus eigener Erfahrung und aus einer reichen seelsorgerlichen Praxis. In diesem Buch zeigt er auf, was die Bibel wirklich über Krankheit und Gottes Heilung sagt und wie man Kranke und Sterbende begleitet. Fallbeispiele illustrieren: Gott heilt – aber nicht immer. Und wo er nicht heilt, meint er es doch gut mit uns, denn das Größte kommt noch.

Weitere Bücher von Ronald Dunn in der Reihe »Johannis Glaubensschritte«

Wenn Gott schweigt ...

ISBN 3-501-01277-2
TELOS-Paperback 72376
224 Seiten

Für viele bricht eine Glaubenswelt zusammen, wenn sie ganz real erfahren müssen, dass Gott nicht eingreift. Ich weiß nicht weiter und Gott schweigt – was nun? Stimmt die Bibel nicht? Will Gott mich vielleicht nicht? Habe ich nicht »genug« Glauben?

Ronald Dunn wurde durch den frühen Tod seines Sohnes in diese Fragen hineingeschleudert. In dem Buch berichtet er – erfrischend ehrlich und ohne fromme Klischees – über sein Ringen mit ihnen, ja mit Gott selbst. Und wie er keine Patentlösungen und schöne Tröstungsfloskeln entdeckte, dafür aber den Gott, der uns gerade »im finstern Tal« am nächsten ist.

Aus dem Inhalt: Leben in der Niederlage – Warum ich? – Die dunkle Seite der Gnade – Wenn Gott Nein sagt – Der unglaublichste Bibelvers.

Auf den folgenden Seiten finden Sie eine Leseprobe aus diesem Buch.

KAPITEL 1

Diener ohne Uniform

Es war ein Samstag von der »Du, Schatz«-Sorte gewesen: »Du, Schatz, tu dies, Schatz, tu das.« Ein Tag, wo das ständge Aufschieben einen endlich einholt und man den vollen Preis für seine Sünden zahlen muss. Den ganzen Tag hatte ich damit verbracht, den Rasen zu mähen, Sträucher und Hecken zu schneiden, Schränke zu entrümpeln und die Garage aufzuräumen.

Es war gegen Mitternacht, als ich mit der Garage fertig war. Ich begutachtete mein Werk. Gut, für die nächsten zehn Jahre wieder Ruhe. Ich wollte gerade ins Bad, um mich zu duschen, als Kaye mir zurief: »Du, Schatz, kannst du eben noch in den Supermarkt fahren, der nachts offen hat? Wir brauchen noch ein paar Sachen zum Frühstück!«

Ich betrachtete mich im Spiegel. Igitt. Unrasiert. Ungekämmt. Ein verdrecktes und verschwitztes T-Shirt, ausgeblichene Jeans mit Löchern in den Knien, Tennisschuhe, die in der Auflösung begriffen waren. Der Mann vom Sicherheitsdienst würde mich filzen, bevor er mich in den Laden ließ. Ein Landstreicher starrte mir entgegen und nicht der gutbürgerliche Pastor der Kirche um die Ecke.

Aber komm, Junge, wer kauft denn schon um Mitternacht seine Brötchen ein?

Mehr Leute, als ich gedacht hatte. Ich entdeckte eine ganze Subkultur von Mitternachtskunden. Alarmstufe eins: Schnapp dir, was du brauchst, drück den Kopf zwischen die Schultern und sieh zu, dass du Land gewinnst, bevor dich einer sieht, der dich kennt!

Ich stellte mich vor der Kasse an. Gut: Nur eine Kundin

vor mir. Schlecht: Sie war aus meiner Gemeinde. Alarmstufe zwei. Dann verführte der Teufel sie dazu, sich zu mir umzudrehen. Sie drehte sich zurück, dann wieder zu mir. Ihre Augen kniffen sich privatdetektivmäßig zusammen, dann weiteten sie sich in ungläubigem Erkennen. »Bruder Dunn!«, japste sie.

Ich weiß nicht, wer von uns verlegener war. Ich murmelte etwas, das wie eine Erklärung klingen sollte, und sie sagte: »Wissen Sie, ohne Ihren Schlips und Anzug hab ich Sie erst gar nicht erkannt.«

Auf der Fahrt nach Hause gingen mir diese Worte durch den Kopf: »Ohne Ihren Schlips und Anzug hab ich Sie gar nicht erkannt.« Seit sieben Jahren war ich der Pastor dieser Frau, jeden Sonntag kam sie treu zum Morgengottesdienst und zum Abendgottesdienst, nach Adam Riese musste sie mich an die siebenhundertmal predigen gehört – und gesehen haben. Und jetzt hatte sie mich um ein Haar nicht wiedererkannt, weil ich keinen Anzug trug! Wen oder was hatte sie da auf der Kanzel gesehen all die Jahre: mich oder meine Kleider? Wäre sie ein dunkle Straße entlanggefahren und hätte meinen Anzug und Krawatte am Straßenrand liegen sehen, sie hätte ohne Zweifel ausgerufen: »Da liegt ja der Anzug vom Herrn Pastor!« Aber *mich* erkannte sie nicht.

Hatte ich nicht irgendwo gelesen, dass die beste Verkleidung eine Uniform ist, weil die Menschen die Uniform sehen und nicht den Träger? Wohl wahr.

Wie war das noch gewesen, als ich mit Frau und Tochter die halbe Nacht im Flughafen Gatwick bei London saß und auf unseren Flug zurück in die USA wartete? Etwa hundert Personen saßen mit uns im Warteraum. Ein, zwei Reihen entfernt saß ein Mann, der immer wieder zu mir herübersah. Als er sah, dass ich sah, dass er mich ansah, stand er schließlich auf und kam zu mir.

»Sind Sie aus Irving in Texas?«, fragte er.

»Ja, doch, ja.«

Er grinste und hielt mir seine Hand hin. »Ich bin Ihr Briefträger.«

Ich war versucht, ihn zu fragen, ob er heute Post für mich hatte. Ein paar Tage später stand ich neben meinem Briefkasten und wartete auf meinen Briefträger. Er kam, und jawohl, er war es. Die ganzen Jahre hatte ich nur die Uniform gesehen.

Ich hatte meinen Briefträger nicht erkannt, weil er seine Uniform nicht anhatte und ohne Uniform nicht wie ein Briefträger aussah. Und die Frau im Supermarkt erkannte ihren Pastor nicht, weil er *seine* Uniform nicht anhatte und nicht wie ein Pastor aussah.

Wie viele Pastoren mochte *ich* schon übersehen haben, weil sie nicht wie Pastoren aussahen? Wie viele Segnungen hatte ich verspielt, weil sie wie Flüche aussahen? Wie vielen Königen hatte ich die Tür gewiesen, weil sie in Bettlerlumpen gekommen waren?

Und ich erkannte, dass einige der größten Diener, die Gott mir über den Weg geschickt hatte, »Diener ohne Uniform« gewesen waren. Ich hatte sie nicht erkannt, weil sie nicht so aussahen, wie sich das für den Herrn Pastor gehörte.

KAPITEL 2

Ein Diener, den keiner will

Der Dezemberhimmel hatte die Farbe angelaufenen Silbers. Der Sarg, der ein paar Schritte vor den Hinterbliebenen unter dem Zeltdach stand, auch. Ein naher Freund der Familie sprach.

»Es gibt keine letzte Erklärung für den Tod eures Sohnes Ronnie. Und was hätten wir auch davon, wenn es eine gäbe? Dass wir diesen Tod nicht erklären können, gibt dieser ganzen Situation mehr Ehrfurcht und Würde.

Ich glaube, es gibt kein Menschenleben, das das eure so stark zum Guten und zum Wachsen hin geprägt hat oder noch prägen wird wie das von Ronnie. Es wird keine Situation geben, die eure geistlichen Wurzeln tiefer greifen lassen wird als diese hier. Was die Bibel über Simson sagt, wird auch für Ronnie gelten: Er tötete mehr Philister durch seinen Tod, als er zu seinen Lebzeiten getötet hatte. Ronnies Leben und Tod werden einen unermesslichen Einfluss auf euch haben – bis Jesus wiederkommt oder wir zu Ihm gehen.

Ronnie ist euch allen jetzt näher als je zuvor. Ihr spürt seine Gegenwart so stark wie noch nie. Durch Jesus habt ihr jetzt eine Gemeinschaft mit ihm, wie ihr sie selbst an den hellsten Tagen nie hattet. Denn er ist jetzt heil. Er versteht euch. Er liebt euch.

Wir alle kennen Rons Predigtserie ›Verkannte Diener‹. Heute dient uns der verkannteste von allen – der Tod.«